R. B

Reserve.
p. Ye. 166.

IMAGINATION
POETIQVE,

Traduicte en vers François
des Latins, & Grecz, par
l'auteur mesme
d'iceux.

HORACE EN L'ART.

La Poësie est comme la pincture.

A LYON,
Par Macé Bonhomme.

1552

AVEC PRIVILEGE.

IL EST COMMANDE' de la part
de Monseigneur le Lieutenant general, au gouuer
nement de Lyonnois, à Macé Bonhomme Im-
primer ce present œuure Intitulé *Imagination
Poëtique*, tant en latin, que en Francois, auec inhi-
bitions & defenses à tous autres de l'imprimer ou
faire imprimer dedās trois ans, sur peine damende
arbitraire, & de confiscation desdictes impressiōs.
Fait à Lyon, le vingtneufuiéme d'Aoust mil
cinqcens cinquante deux.

I. Tignac.

AV SEIGNEVR

IEAN ANTOINE

Gros, VALET de chambre du
Roy, TRESORIER
des Fortifications
de LYON.

Barptolemy Aneau Salut.

L'ARBRE transplanté de son
sauuage, & propre tige naturel,
en vne cité plus franche, par in-
corporation en icelle, mieux ve-
ietée, & eleuée en clair espace de
l'air lumineux, prouiët puis apres
de plus beau, & plus gracieux regard. D'aduantage
en porte fruyt plus delicieux, & agreable au goust.

SEMBLABLEMENT vn ouurage
(mesmement de litterature) transmis de son propre
auteur, (qui ne seroit encor de grand nom) par pre-
sent, ou dedication, à quelque noble, franc, & ver-
tueux personnage de renom, qui pour sien le dai-
gneroit receuoir, adonc en est apres luy, de tous
mieux receu, & approuué: & le fruyct (si aucun en
y a) mieux recueilly, & meilleur trouué. Parce que
le personnage de nom, & d'honneur, donne lustre,

A ij

à l'œuure à luy preſentée,& de ſon honneur le hon
nore,en le faiſant par l'enterinement de ſa Dédi-
cation receuë, eleuer en claire lumiere publique
par eſtre veu de pluſieurs, leſquelz autrement ne
le daigneroient regarder, ou moins l'eſtimeroyẽt.
Et neantmoins l'honneur du perſonnage illuſtre,
n'en eſt en rien diminué,ny obſcurcy,ains pluſtoſt
augmenté,& eſclarcy. Car la treſclaire ſplendeur
d'honneur eſt en marque Hieroglyphicque deſi-
gnée par L'œil:qui iecte ſes rays luy ſans exterieu-
remẽt:& puys auec les images des choſes veuës,rap
porte à ſoy plus de lumiere qu'il nẽ á eſpãdu.Ainſi
le treſclair honneur,par repercuſſion reuerberée ſe
redouble,retournant auec accrois de reſplendeur à
celluy duquel il eſt procedé. Q V I E S T vne
des cauſes par laquelle i'ay eſté induit dedier à
vous (Seigneur Iean Antoine Gros) & vous faire
preſent,du premier exemplaire de ce petit Poetic,
& Moral œuure mien. Que dy ie mien? non ia
plus mien, mais bien voſtre (s'il vous plaict) &
ſoubz voſtre nom,à tous commun . Sachant que
là ou eſt logée V E R T V, ne peut faillir de eſtre
H O N N E V R. Duquel i'eſpere l'œuure eſtre
anobly,& illuſtré.

L' A V T R E cauſe eſt, Recognoiſſance
d'vne voſtre liberalité enuers moy , meſmement
faicte ſans digne occaſion. Pour laquelle mon
eſperit ne á peu eſtre en paix, iuſque áuoir trouué
moyen de la regracier,& recognoiſtre, en tant que
porte mon prou de deuoir, rien de pouuoir,& peu
de

de ſauoir. Affin de n'eſtre iuſtement blaſmé du vi-
ce d'ingratitude, autant à moy que aux Perſans de-
teſtable.　　Vela la cauſe de la preſentation de ce
Luret, laquelle (vous plaira n'auoir en deſdain, mais
la prendre en part de bonne affection. Selon vo-
ſtre acoſtumée honneſteté. A DIEV Qui
vous maintienne, & accroiſce en proſpe-
rité, & honneur, par longues
années. A Lyon ce hui-
ctieſme Septembre.
1 5 5 2.

A iiɉ

PREFACE

DE CAVSE.

I'AY priuée familiarité à Mace Bon homme Imprimeur Lyonnois, par laquelle estant vn iour en sa maison, trouuay quelques petites figures pourtraictes, & taillées, demandant à quoy elles seruoient: me respondit, A' rien. pour n'auoir point d'inscriptions propres à icelles, ou si aucunes en auoit euës, icelles estre perdues pour luy. A lors ie estimant que sans cause n'auoient esté faictes, luy promis que de muetes, & mortes, ie les rendroie parlantes, & viues: leur inspirant ame, par viue Poësie. Ce que par moy de bon gré promis: fut par luy de meilleur gré réceu. Parquoy soubdain fut l'œuure commencé, poursuyuy, & finalement acheué, tant en vers Latins &

Grecz

Grecz, que Françoys. Toutèsfois à plus
grand trauail,& moindre estimation ,que
si i'euſſe faict & diuiſé les pourtraictz à
mon iugement,& plaiſir. Combien que en
le faiſant ie ne me ſuis point tant ſoucié,
que pourroit auoir imaginé celluy quicon-
que en feit le deſcing imparfaict,& ſans pa
rolle:que d'y approprier de mon inuétion:
ce que me a ſemblé le pl⁹ côuenable,& My
thologic à la figure, en partie de moy in-
uenté:en partie prins es tresbons Auteurs,
Grecz ou Latins.Ce que ie péſe auoir acom
ply. Et ſi à aucun deſdaigneux ſemble que
non aſſez proprement, ou heureuſement:
ie vueil bien qu'il ſache:qu'il eſt plus diffici
le, & faſcheux ſuyure autruy par chemin
incongheu , & eſtroict, arreſtant ſes piedz
ſur ſes traces: que par libre & franche mar-
che ſen eller eſbatant à ſon plaiſir,par plain
& large chemin deſcouuert. Car certes de
toutes les images,Ie n'en ay faict pourtrai-
re, ne grauer de ma deſignature à mon ar-
bitre, & plaiſir (ce que me euſt eſté beau-
coup plus aiſé) ſinon le Mariage, les Mar-
ques , & Armoiries,& treze autres par cy,

A iiij

par la meflées. affin de acomplir la centei-
ne, auec fon comble, & aduantage:pour em-
plir les fueilles blanches, Pource que Natu-
re eft abhorrente de chofe vuyde. Es autres
i'ay fuyuy ma cõiecture & diuinatiõ, vfant
en ceft œuure cõme de la Metheline regle
de plomb. Ceftadire appropriãt nõ les ima-
ges aux parolles (comme il failloit) mais
les parolles aux figures(cõme i'eftoie con-
trainct)les plus conuenables qu'il me á efté
poffible. Affin que les images enfeuelies, &
muetes,ie ramenaffe en lumiere & vie. exer
ceaffe mon efprit,fatisfiffe aux yeux,
& aux efpritz des lecteurs. Et fi-
nalement feiffe plaifir au Bon
homme , & bon amy.
Vela la caufe de
l'œuure.

INVOCATION DV SAINCT ESPRIT.

TOVT DON parfaict, d'origine premiere
Vient de laſſus, du pere de lumiere.
Parquoy tout bon Poëte, en premier lieu
Inuocque l'ayde, & l'eſperit de Dieu.
SEMBLABLEMENT nous cõmẽceãs d'eſcrire
Prions à Dieu que du ciel nous inſpire.

A v

ARMOIRIE
ET DIVISE DES GROS,

EN CEST ESCV bordé à triple poincte,
De neuf Befans, & l'Aigle au mylieu pincte,
Reprefenté eft le Celefte Monde.
    LES NEVF Befans formez en fphere rõde.
Sont les neuf Cieux, en nombre, qui eft faict
De trois fois trois, fur tous le trefparfaict
Par eftre imper, d'impers nombres conftant.
    L'AIGLE en hault vol tout oyfeau furmõtãt,
Le Signe eftoit des legions Romaynes
Qui toutes gens, & nations humaines
Soubz telle enfeigne ont foubmis, & vincu.
    PAR LEQVEL Aigle, occupãt tout l'Efcu,
De tefte, & queuë, & des piedz, & des ailes,
Et du hault vol au large efpars, d'icelles,
                                        Par

Par tout le champ, & le vuyde estendu:
L'ESPRIT DIVIN Sages ont entendu.
Par le grand monde vniuersel diffus.
Par tout vollant, en tout mouuant infus.
Qui tout en tout est, & en chescun lieu,
Ame du monde vniuersel, c'est Dieu.

PARQVOY aussi les Poëtes sacrez
En leurs haux sens, & mysteres secretz,
Disent, l'Aigle estre oyseau de Iuppiter.
L'esprit de Dieu voulans l'interpreter,
Qui le beau filz Ganymedes rauit:
C'est l'innocent, qui en Dieu s'esiouit.

ET LES neuf cieux ont finct par les neuf Mu-
Ou sont de Dieu toutes vertus infuses.   (ses.

CEST ESCV donc' soubz figure, & en ombre
De son Blazon, porte le parfaict nombre,
Haulte puissance, en terre plus pouuant.
Les neuf cieux rondz, & l'Esprit les mouuant.
ET TOYT CE à faict le Seigneur de ses mains,
Qui donne tout, & n'à pourtant rien moins.

TELLE ARMOIRIE ont ceux, les qlz on nôme
Du brief surnom, du plus riche de Romme,
A l'vn desquelz ce liure est dedié,
Et apres luy aux autres publié.

IMAGINATION
MARQVE & DIVISE DE
L'IMPRIMEVR
DE TRAVAIL HONNEVR.

PERSE vinqueur du dangier perilleux,
Porte le chef Meduse merueilleux.
Qui transmuoit les regardans en pierre.
Estant armé (pour faire aux monstres guerre)
De la cuyrace à Pallas bien duysant:
Et son escu cristallin treluisant.
Ayant en main le trenchant Bracquemard
Du Dieu Mercure, & son double plumard,
En teste, & piedz, auquel son vol hazarde
A monter hault: & dessoubz soy regarde
Les hommes bas, par merueille estonnez:

Si fort,qu'en pierre eftre femblent tournez,
   Q v'est cela donc? c'eft que quãd Sapiéce
Prouuée à clair par ague eloquence,
A mis à l'air quelque parfaict ouurage:
L'ors fon auteur leue en fi hault parage:
Que tout humain eft rauy à le croire,
Acquife ainfi vient DV LABEVR LA GLOIRE.

IMAGINATION
MARQVE ET DIVISE
DE L'AVTEVR
Pardurable, peu durable.

EXTRAICT de gens non gentilz, n'apparens,
Armes ie n'ay nobles de mes parens.
Mon pere eut nom ANEAV, ma mere, ROSE.
Du nom des deux ma marque ie compose.

    L'Aneau, Serpent en soy se retordant,
Par cercle rond, queüe en teste mordant:
Et en figure Hieroglyphicque, Note
Qui en Aegypte Aeternité denote.

    LA Rose aussi, qui flaistrit, & perit:
Des le iour mesme auquel elle florit:
Mortalité represente. Et pourtant
Que d'ame, & corps est mon estre constant:
D'vn corps mortel, & d'vne ame immortelle:
Armes des noms ie porte, en marque telle.

                        Sur

SVR LA MAGNIFICQVE ENTREE
DE MONSEIGNEVR
DE S. ANDRE,
GOVVERNEVR DE LYON.

HANNON premier prudēt Duc de Chartage
Tracta en main doucement sans outrage,
Vn seul Lyon, la plus fiere des bestes.
Mais combien plus d'honneur est d'aduātage
Au Sieur D'Albon, moderer d'esprit sage
LYON, ayant plusieurs humaines testes?

PREFIGVRATION DE .'IMPRIMERIE LYONNOISE.

CADMVS le filz d'Agenor Roy nommé,
D'vn dard agu,& clair,eſtoit armé.
Cuyrace ayant d'vne peau forte,& dure
D'vn fier Lyon,pour ſeure couuerture,
MONSTRANT qu'il fut vn prince vertueux
En Eloquence,en Armes,& tous deux.
En ſens,& dictz,de Sapience,& d'art,
Clair,& agu,& ſoubdain comme vn d'ard.
Et en grandz faictz magnanime en courage
Comme vn Lyon à qui on faict oultrage.
    LE premier fut qui des Phoiniciens,
Les inuenteurs des lettres anciens,
Vint en Europe & les lettres premieres
Y apporta,du monde les lumieres.
Ou comprins eſt le cercle,& chaine ronde
De Sapience,en tant qu'elle eſt au monde.
    CES lettres ſeize eſtoient.tant que de dens
Ont les ſerpens,animaux treſprudens.
                                Leſquelles

Lesquelles sont assemblées entre elles
S'entrebrisants, fors que les cinq voieles.
Qui sont tousiours en leur son demourantes
De viue voix, & iamais ne mourantes.
Le Roy Cadmius sema donc celles lettres
Es gros espritz des hommes, tous terrestres,
Tant que de lourdz, si barbares, si vilz,
Il les rendit sages, doux, & ciuilz.

PARQVOY L'on feinct que Cadmius le vaillât
Sema les dens du grand serpent veillant.
Desquelles dens semées, en saillirent
Hommes armez, qui l'un l'autre assaillirent.
Tant qu'à la fin tous ilz s'entretuarent
Par coupz fourrez: fors cinq qui vifz restarent.
Et de ces cinq fut puys multipliée
La Race, & Gent d'ont Thebes fut peuplée.
A TEL exemple aussi vn Imprimeur.
Qui est des ars, & des lettres semeur:

B

Et les efpand dens le clos de la ville,
Qui eft LYON, nom, & marque ciuile.
Qui feme auſsi des bons liures l'vſage:
Dond lourd eſprit peut bien eſtre faict ſage:
En les liſant, où en les oyant lire:
Pourroit il pas à bon droict ainſi dire?
IE SEME DENTS DY SERPENT VIGILANT
DEDANS LE CLOS D'VN LYON EXCELLENT.
Du grand LYON noble citè en France,
Qui en ceſt art toutes paſſe à oultrance.

FIGVRE DE MARIAGE.

L'HERMAPHRODIT est icy en pincture
A double face, & à double Nature.
Lvne de Masle, & l'autre de Femelle,
En vn seul corps, ou l'vn l'autre se mesle.
Puys deux baisers sont baillez, & renduz
Par les deux chefz l'vn vers l'autre estenduz.

    Qvi sont plaisirs d'Amour perpetuel
De l'vn vers l'autre, en effect mutuel.
D'vn des costez, est des sages quelqu'vn:
Qui dict, q̃ L'HOMME, ET FEMME NE SONT QV'VN.
D'aultre costé est vn Satyr hydeux
Qui dict, q̃ QVAND SE BATTENT, ILZ SONT DEVX.

                   B   2

DEMONSTRE est par l'Androgyne corps
Que deux ilz sont en vne chair concors.
Le sol Satyr en mocquant admonneste
Que batre n'est en mariage honeste.

   ET pour monstrer qu'il ne fault que soit las
Ne l'vn ne l'autre, à mutuel solas:
Pour supporter toute fortune aduerse:
Pource les bras sont mis en croix transuerse.
Au tetin droict la main gauche posée
Baillant l'aneau à partie espousée.
Pareillement soubz le tetin senestre,
Pour le cueur prendre, est mise la main dextre.

   L'ANEAV, de Foy est le signe euident,
Et le cueur prins seing d'amour, vif ardent.
Affin que l'vn à l'autre, & tout en soy,
Soit conuenant l'Amour, auec la Foy.
En apres est vne chaine iolie,
Qui teste, & piedz, & bras, & iambes lie.

   SIGNIFIANT le lien voluntaire
Du mariage, en accord salutaire.
Laquelle Chaine en aneaux abondante
Est des le chief iusques aux piedz pendante.
Mais tellement qu'el s'assemble au mylieu,
En lacz d'Amours, couurant le secret lieu.
Qui gardera que de Nature nue
Ne soit le sexe, & la marque cogneuë.

   CAR ce beau nœu de Mariage ensemble,
Quar d le mary à la femme s'assemble:

                        Les

Les membres lie en chair,& compaignie
En les couurant de ieu sans villainie.

P v y s apres est sur l'vne,& l'autre teste
Vn ioug,qu'on met dessus la serue beste.
Et par dessus,vne Balle soufflée,
Mais peu pesant,comme de vent enflée.

S i g n i f i a n s estre du Mariage
Doux le seruice,& legiere la charge.

P v y s est aupres vn arbre fruyct portant,
Et maint oyseau sur ses rameaux montant.

C o m m e Colôbz,qui l'vn à l'autre plaisent,
Tant par amour,que bec à bec se baisent.
Et vne paire aussi de Tourtourelles.
Qui ont assez de leur pair autour elles.

D e la Palombe y est pincte l'image:
Pour ses petitz despoillant son plumage.

L e Pellican,qui pour les siens se tue:
Et de son sang vie leur restitue.

L a sont aussi Corneilles,qui se suyuent:
Et qui ensemble en grand concorde viuent.
L'arbre fruyctier en fleurs,& fruyctz plaisant,
Mariage est,beaux enfans produysant.

L e Bechement des Colombs,est seruice
De l'vn vers lautre,auec plaisir sans vice,
La tourtourelle,& son Pair content d'elle,
Le signe font de chasteté fidele.
Et pour les siens la Palombe plumée:
Est la pieté de geniture aimée.
Le Pellican est labeur,& l'effort

Pour les petitz trauaillant iufqu'a mort.
Finallement,les concordes Corneilles
Sont bons accordz des parties pareilles.

Hors le fubiect eft vn beau payfage
L'oing apparent. Et champs de labourage.
La vn Bouier,qui loing eftre reffemble
Auec deux bœufz tirans egaux enfemble
En laborant.   Signifians quilz font
Labeur commun:que l'homme,& femmefont,
Par cure egalle,& pareille raifon.
Pour augmenter le bien de la maifon.

Ainsi fera figurée l'Image
D'vn conuenable,& bien faict Mariage,
Que l'on pourra mettre en vn ciel de lict
Auquel Mary,& Femme hont leur delict.

DIFFERENCE DES RAISONNA-
BLES ESSENCES.

IVPPITER Dieu est, côme en son sainct têple,
Droict au mylieu du Monde, ou il contemple.
Autour de luy sont tous les autres Dieux
Superieurs: qui habitent es Cieux.
En grand repos, & en profond' silence.
Le contemplans, par simple intelligence,
Car des haux Dieux est l'appellation
Deduicte en Grec, de Contemplation.

    PEV au dessoubz par la voie Lactée,
Monte vne bande en honneur delectée.
Qui fort s'auance à ce hault domicile:
Pour auoir lieu au celeste concile.

    TOVT au plus bas, sont les Satyrs, & Pans,
A piedz boucquins sur la terre rampans.
Qui leuent bien au ciel cornes, & testes:
Mais tousiours sont en terre, comme bestes.

    CESTE est la triple espece de tous ceux
Qui ont raison, Hommes, Heroes, Dieux.
               B iiij

Qui en degre nomperſont diſſemblables.
Car les haulx Dieux ſont touſiours imuables.
Tant le grand Dieu, que ſes diuins eſpritz
Celeſtielz, d'amour de luy eſpris.
En paix eterne, & contemplation.
Sans receuoir, ne faire autre action.
  Pvys la vertu plus que laict blanche, & claire
Conduict eſp'ritz aimans honneur, & gloire,
Et iuſque au lieu des immortelz les maine,
Deifiant en eux ſubſtance humaine.
  Mais ceulx deſquelz l'affection s'arreſte
Totallement à la choſe terreſtre:
Et qui l'eſprit plus hault que le chef n'ont:
Ilz voyent bien le ciel: mais point n'y vont.

RAISON D'ESPRIT AVEC
TRAVAIL DE CORPS.

Povrqvoy faict on Chirõ en pourtraicture
De double forme, & de double Nature?
Homme deuant, & derriere cheual:
Humain en hault:bestial en aual.
D'vn arc bendé tirant vne sagette
Vers les haulx cieulx, ou sa visée il iecte?

  Est ce pourtant que la marque, & la forme
Propre de l'homme, est Raison, & sa norme?
Et de la beste à qu atre piedz l'office
Propre, & nayf:C'est labeur, & seruice?

  L'image donc de Chiron faict entendre:
Que qui vouldra à haulte chose tendre:
Visant aut but de celeste maison,
Luy fault auoir Labevr avec raison.

NE TE FIDE, NE SERA IN-
GANATO.

QVAND Brafidas eut le corps trauers
D'vn coup de traict, par fon efcu percé é
Vn Sot quidam luy demanda, Comment
Auoit efte bleffé fi aifément?
Au coup (dift il) mon bouclier á fait voie,
Qui s'eft faulfé: quand en luy me fioye.

　CESTE Refponfe, en bon fens, fignifie:
Que fouuent eft traiftre, en qui l'on fe fie,

CONVERSION DES AMOVRS A
L'ESTVDE DES LETTRES.

Vn satyr ieune,& paillard,pourfuyuoit
La belle Nymphe ou s'amour mis auoit.
Elle fuyoit:& luy la pourfuyuant
Sans vifer ou:fe fourra fi auant
Pour cheuaucher en lieu mol fans houfeaux:
Qu'en vn marefc entra plein de rofeaux.
Et la ayant mainte larme efpandue
Et maint foufpir pour la Nymphe perdue,
Là foufpirant pour fa tresbien aimée,
Qu'il penfoit;eftre au marefc abyfmée,
Il s apperceut que des cannes yfloit
Par fes foufpirs,vn fon qui gemiffoit
Trefdoucement. Parquoy au treford lieu
Et à l'amour il dift vn grand Adieu.
Ie dy l'amour de la Nymphe paluftre,
Que defchaffa autre amour plus illuftre
De Muficalle harmonie inuentée.

Parmy l'aronde aux souspirs esuentée.
D'ond en croissant de ton, en ton bien iuste,
De sept tuyaux composa vne fluste.

LA NYMPHE al'ors dens les roseaulx cachée
Voyant que plus n'estoit de luy cerchée
Courut les champs comme vache farousche
Qui à este picquée de la mousche.

CESTE figure est la conuersion
De fol amour, à meillieure action.
C, est a sauoir quand de l'amour de Dames.
L'homme se tourne aux liures, & calames,

LA FLVSTE faicte à sept diuers tuyaux:
Est bon accord des sept Ars Liberaux.

ET LE Satyr est vn adolescent,
Suyuant l'amour, vertus à dos laisant.

L'ARONDE creuse, & qui ploye à tout vent
Est la putain: qui à chescun se vend:
Et qui son coprs inconstant abandonne
A qui en veult, moyennant qu'on luy donne.
Et qui se cache, & faict la reserrée:
Quand elle sent estre bien desirée.
Mais quand el' voit que d'elle on ne tient cõpte:
L'ors elle fuyt, court, va, descent, & monte,
Leue sa queüe & faict telle orde mine:
Que vache ayant au cul mousche bouine.

CAR Quand la vache au Tor ne faict arrest:
Le Tor aussi s'en va en la forest.
Et quand l'amie à l'amant ne faict part:
L'amant aussi de l'amie depart.

ELOQVENCE SVYT SAPIENCE.

POVRQVOY Pallas est elle es tours haultaines
Sur le Donion de sa cité d'Athenes?
   POVRQVOY viẽt l'à le biẽ parlãt Mercure:
Qui faict sans clef des portes ouuerture
Es grandz Palaix de Minerue la vierge,
Par la vertu de sa magicque verge?
En se faisant faire facile entrée,
La ou il veult aller à voie oultrée?
   POVRQVOY se siet vne fille à la porte,
Qui luy defend l'entrée: & soubdain morte
Transie elle est en statue de pierre,
De couleur palle, & de plombine terre?
   EST CE pourtant que vraye est la sentence
Du bon Socras, par laquelle s'entend ce
Que tousiours est, es villes de renom
Moyen d'apprendre, & es villages, non?
   EST CE pourtant que la ou est Sapience
La vole aussi la douceur d'Eloquence?

Qui la porte œuure,& qui entrée donne
Vers fapience,à la Nature bonne.
Laquelle aux lieux de hault nom arriuant
Sobdain luy vient trifte enuie au deuant
Pour l'empefcher:mais tant eft efbahie
De l'Eloquence entre tous bien ouye:
Qu'elle demeure en ectafe eftonnée
Muëte,ainfi comme en pierre tournée.

LE CONTINVER PARFAICT
L'OEVVRE.

QVEST IL plus dur que roche bife, ou pierre?
Qu'eft il plus mol que l'eau coullant fur terre?
Et toutesfois par gouttes d'eau verfées,
Les roches font, & les pierres perfées.
Et tout ainfi que goutte d'eau menue
Perfe vn gros Roch, par eftre continue:
    SEMBLABLEMENT vn labeur afsidu,
Faict, & parfaict, tout, & le refidu.

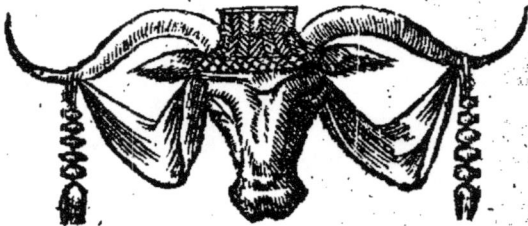

LA MORT DV DOMMAGEABLE
EST A TOVS AGREABLE.

LE PORC est beste à nul bien faire née.
Gastant les biens de l'espoir de l'année.
Quand il est vif:il nuict,& desconfit.
Quand il est mort,il duict, & faict profict.
Mais le malfaict la beste restitue.
Car quand au mois de Decébre on le tue:
Et qu'il vomit l'ame,& le sang ensemble.
Le voisinage à sa mort tout s'assemble.
Hommes,Enfans,Femmes, en vn monceau,
S'esiouyssans de la mort du porceau.
D'ond on luy faict de paille vn feu de ioye.
Puys on le part:& de l'ame on enuoye
A ses voisins, pour estraines,& dons,
Comme Bodins,Andoilles,& Iambons.
La Vescie est pour la part des enfans:
Qui l'ont gaignée,au cul du porc soufflans.
Le demourant est salé,pour viande
Plus en mainage vtile,que friande.

                       Ainsi

AINSI faict on quãd meurt vn des Porceaux
De l'Epicure, aualleur de morseaux
Qui faict son Dieu de son ventre: & auquel
L'ame est au corps, ne seruant que de sel.
Lequel viuant, pour auoir boyaux saoulz:
A renuersé tout ce dessus dessoubz.
On s'essoyt alórs: on se recrée.
Et n'est celluy, à qui la mort n'agrée
De celluy là, duquel la cure seulle,
Estoit saouler, & son ventre, & sa gueulle.
Car repeuz sont plusieurs gens non ingratz
Du bien, dequoy vn seul estoit trop gras.
Et par la mort duquel plusieurs ont vie.
Car il commence à l'heure qu'il deuie
De proficter: estant de bien mutilé
Quand vif estoit. Quand il est mort vtile.

C

L'HOMME TIENT DE L'HOMME LA MATIERE CORPORELLE: & LA FORME RATIONALE DE DIEV.

DIEV, qui est Dieu d'Amour, qui tout attraict,
Frappe les cueurs humains d'vn mesme traict.
En assemblant d'homme, & femme les corps
En vne chair, par nuptiaux accordz.
Puys les Enfans produictz de telle couble
Baille à nourrir à Chiron homme double.
Qui partie à dessus rationale:
Et au dessoubz à partie animale.
Car les enfans naissent semblablement
De l'amoureux & poignant couplément
Des corps humains auxq̃lz Dieu (côme on croit)
Vie, & raison, en corps, & ame accroist.

AVX RICHES, TOVT TEMPS EST BON.

VN HOMME Riche est assis au mylieu
D'vn beau Palaix, & magnificque lieu.
Au tour deluy se tiennent de bien pres
Quatre eschansons, à le seruir tous prestz.
L'vn du Prim temps luy presente les fleurs.
Et le second tous fruyctz d'Esté bien meurs,
Dans vn cornet d'abondance luy donne.
Le tiers le sert des raisins meurs d'Automne.
Finallement le quart, pour les hyuers
Porte fourrure, & vestementz d'iuers.

    VN MENDIANT qui poures robe porte
Est demandant vne aulmosne à la porte.

    SIGNE euident qu'aux riches en repos,
Toutes saisons viennent bien à propos.
Mais au contraire aux poures malcontens,
Et malheureux, tout deffault en tout temps.

LA NATVRE DES HOMMES
EST ETERNELLE,

QVATRE faiſons l'an tournant faict leuer
Prim_Temps, Eſté, Autonne, & puys l'Hyuer.
　QVATRE Eages ſont auſsi d'humaine vie,
(Si elle n'eſt auant le temps rauie)
Iolie Enfance, & puys verde Ieuneſſe,
Meure eage d'homme, en fin froide Vielleſſe,
　POVR demonſtrer en reſolution
Que le Retour, & reuolution
De ceſte vie, à l'autre pardurable:
Au cours du Monde eternel, eſt ſemblable.
Duquel comme eſt la reuolte immortelle;
Ainſi croyons noſtre nature telle.

TOVCHER FEMME EST
MAVVAIS.

Av TEMPS d'Hyuer, sur la morte saison,
Vn bon Ruſtic mena en ſa maiſon
Vn ſouuage homme, vn Satyr, demourant
Dedans les bois: preſque de froid mourant.
Venu qu'il fut au domeſtique lieu
Pour le Satyr chaufer, il ſeit beau feu.
Et pour manger, mit cuire des chaſtaignes.
 MAIS le Satyr nourry ſur les montaignes,
Qui n'auoit veu iamais feu allumé:
Le trouua beau: & digne d'eſtre aimé.
Bien auoit veu, & ſenty le Soleil
Luyſant, & chaut: le feu voioit pareil.
D'oud il penſoit en ſa cornue teſte,
(Comme il eſtoit à demy homme, & beſte)
Que le Soleil fuſt du Ciel deſcendu
En la maiſon, par le Fourneau fendu.
Parquoy s'en vint vers la flamme addreſſer.
Ç iij

Et la voulut baiser,& embracer.
Mais le Ruſtic le retint de ce pas.
En luy diſant.Boucquin,n'y touche pas.
Car ſi garder d'y toucher ne te veux,
Tu bruſleras ta barbe,& tes cheueux.
Ce que tu vois à loil beau,& luyſant,
Sache qu'il eſt à le toucher cuyſant.
Le veoir bien plaiſt:le toucher bruſle,& ard.
N'y touche donc'.ſois content du regard.

    CEST APOLOGVE enhorte adoleſcens
(Qui ſont encor demy hommes en ſens)
De n'atoucher Veneriennes flammes:
Et n'approcher de trop pres folles femmes.

    CAR la beauté en doux vis feminin,
(Deſſoubz lequel ſouuent giſt le venin)
Comme eſt plaiſant la veoir,ſans approcher:
Autant eſt il nuyſant de l'attoucher.

LE CYGNE blāc chāte plus doux,& mieux
D'autant que plus il eſt en ſes iours vieux
Et eſt oyſeau paré de blanc plumage,
Auquel(ainſi que monſtre ceſt image.)
Furent iadis les hommes tranſmuez.

CAR les gens vieux de chaleur denuez
O'nt les poilz blancz,de froid eage les ſignes.
En innocence,& doux parler, blācz Cygnes.

DOVX eſt vin meur.& par comparaiſon:
D'vn meur vieillard,eſt douce l'oraiſon.
Et d'autant plus eſt douce,que plus ſage.

CAR (ce que dict Homere en vn paſſage)
COMME LE chāt du mourāt Cygne eſt doux.
Ainſi eſtoit le parler,entre tous,
Du vieil Neſtor. De la bouche duquel
Couloit la voix,plus douce que le miel,

C iiij

LA PEINE SVYCT LE MALFAICTEVR.

L'ESPRIT coulpable en soy, de son offense,
L'esprit qui prend de soy mesme vengence,
Vit en despit de soy: malgré sa vie,
Vif à regret quand n'à de viure enuie.
Et quand il veult mourir: il se remord.
Sentant en soy les playes de sa mort.
Point toutesfois il ne meurt. mais endure,
Et porte en soy sa Roë, & sa Torture.
L'ors quand bourreau de soy mesme il se sent:
Bien il voudroit hors de soy estre absent.
Mais en soy est. EN TELLE passion
Se fuyt, & suyt: comme en Roë Ixion.

SI QVELQVVN veult corrompre par benin
Approchement, le fexe femenin:
Des meurs de femme, & des habitz s'habille.
Comme vne femme ineptement babille.
Et delaiffant la grauité d'vn homme:
Prenne molleffe, & mignardife, Comme
Si femme il fuft fans barbe coimpt, & mifte.
En fe fardant(s'il à vifage trifte)
Se colorant de ceruffe, & de pourpre.
Brief, à tout gefte effeminé foit propre.
A INSI orné vers fa defirée aille.
Et doux deuis de parolles luy baille,
Entremeflant petite mignardife
Qui peu à peu le feu d'amour attife.
Puys les baifers adioigne bouche à bouche.
Finalement les membres nuz attouche.
Le demourant luy don'ra doux coulant

C   v

Force ſans force, & refus bien voulant.

AINSI iadis Iupiter, (qui viſé
Auoit la Nymphe en l'habit deguiſé,
Et au maintien de Diane, & en l'cage:)
De Caliſton rauit le pucellage.

SOVBZ tel habit diſsimulé, POMPEE
Femme à Ceſar Dictateur, fut trompée:
Par vn Rommain nommé Claude le Bel.
Repudiée apres, ſans nul rappel.

ABETISSEMENT D'ENFANS, par
TYRANNIE DES MAGISTERS.

Voyez icy celle Dame superbe
En longue Robe, en mine, geste, & verbe,
Qui par orgueil trop fier, & inhumain
Bat sans mercy sa serue auec la main.
Laquelle poure à ses piedz prosternée,
Par estre ainsi batue, & mastinée:
Prend vn desdain fort despiteux: & pource
Se mue en beste, & deuient sauuage Ourse.
Qui par auant estoit de liberalle
Forme de corps, & face virginalle.
    En cest image est pincte la manie
Des Magisters, & fiere tyrannie,
Qui les enfans de libere Nature
Sauuage rend, par coups, & par bature.
Et les Esp'ritz, qui estoient liberaux:
Prosterne en crainte, & les mue en ruraux.

FONTAINE DE SALMACIS, PAILLARDISE EFFEMINANTE.

AV LIEV profond d'vne combe encombreuſe,
Eſt vne foſſe obſcure,& tenebreuſe.
Et aū mylieu vne fontaine eſtrange:
Mais l'imonneuſe,& de bourbeuſe fange
Son eau troublée.En laquelle fontaine
Quiconque vient,pour ſa chaleur ſoubdaine
Y refroidir: & qui à corps ſuant
Se vient baigner en ce mareſc puant:
Celle fontaine à Nature tant malle:
Que quiconque eſt là entré homme maſle:
Effeminé en ſort,& demy homme,
De doubteux ſexe, Androgyne on le nomme.
  CESTE Fontaine ōt les Poëtes finǫte
De Salmacis, Nymphe laſciue,& cointe.
On fut faiǫt Homme & Femme Hermaphrodit.
Tant ſa Nature,& chaleur refroidit.

                                    Mais

Mais pour le vray, ceste Fontaine infame,
Est le ꝯmentanon, de pute femme.
Ou de venus ardente la chaleur
On refroidit, bien souuent à mal' heur.
Car qui se plonge en ce borbier batu:
De l'homme masle il pert ferme vertu.
Et sa chaleur naturelle sestaingt.
Car paillardise humide tant l'attaingt
Qu'elle le rend mol, & flac: ainsi comme
Effeminé, sans force, & demy homme

DIVORCE DE MARIAGE, PAR DISCON
VENANCE DES PARTIES.

Dond vient cela, que forte Artillerie
En gros tonnerre, & grand petillerie
Souuent se rompt:& se brise total
Vn si gros corps, & de si dur metal?
　Est ce pourtant que les contraires choses,
Ne peuuent estre ensemble à force closes?
Quand la chaleur debat à la froidure.
Et la mollesse, à la qualité dure,
La secheresse, à moicte relanteur.
Legiereté, à graue pesanteur.
Car comme chault humide soit le Soulphre
Le froid, & sec Salpetre point ne souffre.
Dur, & poisant est le metal de fonte.
Mol, & legier est feu, qui tousiours monte.
Ces qualitez contraires(ce vray semble)
Ne peuuent donc longuement estre ensemble.
　　　　　　　　　　　　　　Que

Que tout soubdain ne partent de leur lieu
Par violence, auec grand bruyt, & feu.
  A INSI en prend d'vne ieune fillette
Humide en suc, en chault sang vermeillette,
Legiere en feu de Venus, prest à prendre,
En blanche chair, & delicate, tendre.
Quand mariée elle est, tout en despit
De ses amours, à vn vieil decrepit:
Sans suc tout sec, sans chaleur refroidy,
D'eage pesant, d'os dur, de nerfz roidy.
O qu'il est bien malaisé que tous d'eux
Soyent longuement assemblez: & que d'eux
Ne soit en fin rompu le mariage,
L'vn enflambé du feu de malle rage,
L'autre du feu de luxure bruslant.
Auec grand bruyt du peuple mal parlant.

IVPITER EQVITABLE.

Avec Iunon, Iupiter debatoit
Lequel des Dieux, l'homme, ou la femme estoit,
Au charnel acte agir plus delecté:
Et qui auoit plus grande volupté.
Iuge eleu fut de ce ioyeux proces
Tiresias le sage: qui pour ses
Mutations d'homme en femme en sauoit,
Et essayé les deux Venus auoit.
Lequel iugea, qu'en l'acte du desir,
La femme y a plus que l'homme plaisir.
Ainsi donna pour Iupiter sentence,
Parquoy Iuno trop cruelle en vengence,
Le feit aueugle en luy creuant les yeux.
Mais Iupiter tres iuste sur tous Dieux.
Pour de ses yeulx la recompense auoir
Luy octroya les cas futurs sçauoir.
　　En CESTE fable, ou l'aueugle deuine,
Est l'equité de Iustice diuine.

Qui

Qui le default, de ce qu'au corps perit:
Bien recompense en graces d'esperit.
   Car, il aduient bient souuent: que plusieurs
Destituez des sens exterieurs,
Ont la vertu de l'esp'rit plus ague.
Parquoy, NATVRE INIQVE NVL NARGVE.

D

FAICTZ DES IEVNES,
CONSEIL DES VIEVLX.

O BIEN heureux Prince ou Roy couronné
Lequel se voit de force enuironné
De ieunes gens,& du conseil des vieux.
  Mais au contraire.O le Roy malheureux!
A qui myeux plaict,de qui mieux est aimée
De ieunes gens vne oultrageuse armée,
Et qui les vieux,sages,de bonne foy,
Et leur conseil, deboute d'auec soy.
  EXEMPLE en est Roboam.qui se vit
Presque priué du regne de Dauid
Son pere grand,de dix lignes descreu;
Pour le conseil des ieunes auoir creu.
  LE SAGE PRINCE auoir donque s'efforce
Conseil des vieux,& des ieunes la force.

QVAND l'Oyseleur veult prendre l'oyselet:
Bien doucemeut sonne son flaiollet:
  MAIS le Flateur,qui les hommes deçoit:
Chante plus doux,que flaiolet qui soit.
  AINSI Mercure Ambassadeur des Dieux
Feit endormir Argus, & ses cent yeulx.
Au son tant doux de sa fluste,ou l'oyant.
  CAR HOMME n'est tât sage,ou clair voyant:
Qui ne puisse estre à la fin endormy,
Par le flateur:qui se monstre estre amy.

D ij

PERIL EN TERRE, PERIL EN MER, ou
NVL LIEV ASSEVR DES MAVVAIS.

Vn escvmevr de mer, vn grand Pirate
Se faict porter dedans vne Fergate
A deux ch'euaux marins, nageans sur l'onde.
Desquelz cheuaux, n'est pire beste au monde.
　Ce grand Brigand à son trident grãd erre
Faict aborder ses monstres vers la terre.
Prendre pour proye vne vierge voulant.
Qui en fuyant deuient oyseau volant.
Car des haulx Cieux, la Déesse Minerue
(Qui bons espritz eleue, & les conserue)
Celle Pucelle en grand pitié regarde.
Et du dangier instant la sauue, & garde,
Pour seur refuge, ailes luy faisant naistre.
Leuée en l'air pour plus en terre n'estre.

　　　　　　　　　　　　Las

LAS QV EST CECY? Oultrage, & violence
Des gens mauuais, par terre, & mer se lance.
Les Innocens (comme à Dis Proserpine)
Abandonnez sont à proye, & rapine,
Et asseuré salut n'est en nul lieu.
Sinon que la Sapience de Dieu
Nous mue en mieux: & hors mondains perilz
Face voller noz vierges esperitz.

D 3

IMAGINATION
SOVVERAINE VERTV EFFACE
L'A FAVLSE APPARENCE
DE VERTV.

EN LA CITE SYENE Aethiopicque,
Qui aſsiſe eſt ſoubz le Cancre Tropicque,
Quand le Soleil eſt ſur le plus hault poinct
Du plus grand iour, qui en l'Eſté ſoit point:
Ombres ne ſont iuſqu' à l'heure de Nonne.
Car ſa clarté tout le corps enuironne.
Et l'apparence ombrageuſe des choſes,
Qui ſembloyēt eſtre en la ſubſtance encloſes,
Euanoüit: & appert plus rien n'eſtre,
Par la clarté qui la faict rien cognoiſtre.
Semblablement, Quand aucun homme illuſtre,
De Sapience, & vertus ayant luſtre,
Vient reſplendir en treſclaire action,
Au plus hault poinct de ſa perfection:

Ceux

Ceux qui fembloiēt quelq̄ chofe eftre:hàyffent
Si grand'lumiere,& l'ors euanouiffent.
Et tout foubdain font neant deuenuz:
Ceux qui deuant eftoient aucuns tenuz.
Luy eft Soleil:les autres font comme ombre:
Il fert de tout,& les aultres de nombre.

D   iiij

IMAGINATION
VERTV REVEILLE ENVIE.

OR DEVINEZ de quel sens l'Idée est cè
En ce pourtraict:où Pallas la Déesse
Auec sa picque en vertu esbranlée,
Ouure la porte à l'Enuie esueillée?
    EST CE pourtant que Sapience, en vie
D'homme qui soit:n'est iamais sens enuie?
Car la vertu aux malins picque porte,
Et à l'Enuie Honneur ouure la porte.

VOIS TV lecteur? Quand icy tu aduifes
Beftes plufieurs, & de diuerfes guifes,
Telle que l'vne, à l'autre ne refemble.
Cryantz, hurlantz, & debatantz enfemble:
Et fans raifon. Ruants, hurtants, mordents,
De piedz, de grifz, de cornes, & de dens.
Premierement, vn Elephant qui gronde.
(Qui eft la plus grande befte du monde)
Contre vn dragon, Serpentin veneneux,
De fa nature a l'Elephant haineux.
Semblablement, vn grand, & fot Chameau.
Et vn Leopard à maculeufe peau.
Vn fier Cheual retif, & indomptable,
Et vn Toreau de cornes redoubtable.
Et mefmement le Bouc Ceruier cornu:
Et la Chimere animal incogneu
Aux naturelz, triforme, & merueilleux.
La tefte ayant d'vn Lyon orgueilleux,
D v

Ventre de Bouc en luxure puant:
Queüe d'Aspic de son venin tuant.
  VOYANT cela, pense que tu assistes
A vn troupeau de barbares Sophistes,
Grandz animaux, & les plus vicieux
Et bestiaux, qui soyent dessoubz les Cieux.
Pense d'y veoir aussi leurs factions,
Leurs sotz arguz, & leurs complexions.
Les veoir bauer de choses qui ne sont.
En la Nature, ou bien qui rien ne font
A l'entretien de la vie commune.
Comme du vol des asnes sur la Lune.
D'vn Bouc Ceruier, d'vne faulse Chimere
Ou d'vn Sortés, ou fables de commere.
Et toutesfois tresauans se reputent:
Quand fort cryans de telz fatras disputent
A haulte teste, & souuent iusque aux poinctz
De s'entrebatre à crins, & piedz, & poingz.

ACTEON fut en Cerf cornu changé,
Et par ſes chiens piece à piece mangé.
   O MALHEVREVX le Seigneur,lequel paiſt
Gourmans,Flateurs,& auec eux ſe plaiſt.
Luy meſme eſtant la proïe,& venaiſon
Miſe deuant les chiens de ſa maiſon.
Auxquelz flateurs,le ſien,& ſa perſonne
A deuorer,& mocquer abandonne,
Et à la fin,de Seigneur,deuient Serf.
Corps nu d'eſp'rit,& cornu comme vn Cerf.

RIEN NE FAVLT SANS BON CON-
SEIL ENTREPRENDRE.

DELIBERANT Cadmus, à places fortes
Edifier Thebes, ville à sept portes:
Auant que rien de l'ouurage entreprendre:
Du Dieu Phebus l'oracle volut prendre.
Lequel ouy, vne vache il suyuit:
Que comme guide aller deuant soy vit.
  CAR DIEV estant l'auteur, tout ce faisant,
Et la Nature à cela conduysant:
La vache fut guyde, & monstre notoire,
De champ fertile, & de bon territoire.
A CEST, exemple ainsi, quand aduiendra
Que quelque ouurage entreprendre on vouldra
Qui soit durable, & bon, & de hault heur
Dieu à cela soit le premier auteur.
Et puys apres la Nature libere
Soit conduisant à ce qu'on delibere.
Qui est (selon la Stoique sentence)
Du tresgrand Dieu l'Eterne prouidence.

DE CRAINCTE DEVOTION, ou VEXATION DONNE EN-TENDEMENT.

L E s grandes eaux par le deluge eſtantz
Par tout le monde, ainſi que grandz eſtangz:
Deſſus vn mont y a deux perſonnages,
Sauuez des eaux, par nauire, ou par nages,
Qui les grandz Dieux deuant vn autel prient.
Et en tremblant, Miſericorde crient.

    C E L A ſigne eſt que de Dieu ſe ſouuiennent
Hommes mortelz, quād les maux leur aduiennēt
Et quand preſens ilz voyent les perilz:
Lors ne ſachans comment eſchapper. Ilz
Sont fort deuotz: comme ſi ſeulle craincte
Auoit à Dieu cognoiſtre faict contraincte.

QVE SIGNIFIE VNE Amazone armée
Soubz lazuré manteau de Paix armée?
Qui tient en main vne espée couuerte
D'vn Oliuier à fruict, & fueille verte?
Duquel au lieu d'huyle doux, & tranquille
Le sang bouillant goute à goute destille,
   LA PAIX du môde en telle sorte est pincte
Qui guerre faict, soubz vne treue saincte.

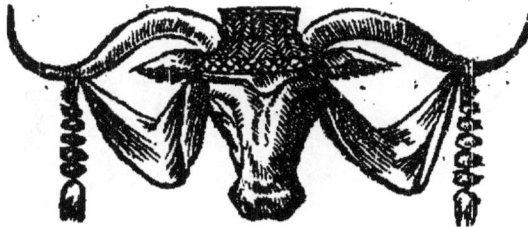

Ov de la force, ou de fraude regne art,
Du Lyon l'vne, & l'autre eſt du Regnard.
Pour l'ennemy rendre en guerre abbatu.
Mais que chault il ſi c'eſt vice, ou vertu?
   NE ſoient donc plus es ſignes militaires,
Aigles, Loups, Ours, Minotors ſolitaires,
Mais es Guydons, Enſeignes, Eſtandars,
Soient fors Lyons, & cauteleux Regnars.

AMOVR NE S'ACCORDE AVEC PRVDENCE.

L'ARCHIER Phebus ayant occis Python,
S'alloit mocquant de l'Archier Cupidon.
Et en vantant ses flesches, desprisoit
Les traictz, desquelz le foible enfant vsoit.
L'ors Cupidon irrité de l'iniure:
A se venger contre Appollon coniure.
Bande son arc: vn traict au cueur luy tire
A poincte d'or, qui d'amour faict martyre.
Puys au rebours, tire vne lourde flesche
De plomb ferrée, à Daphné belle, & fresche.
De qui la playe engendre tout soubdain,
Non pas amour mais hayne auec desdain.

Il l'aime donc', & d'amour la pourſuyt.
Elle l'hayt, & par hayne le fuyt.
Et en fuyant, eſt en L'aurier muće
D'eſprit de vie, & vigueur denuće.
Ainſi Phœbus aima ſans eſtre aimé
Attainct du traict, que tant auoit blaſmé.
Ainſi l'enfant ſon reproche vengea:
Quand à deux coupz, haine en amour chágea.

 Est ce le ſort des ſages, & ſauans,
D'honneſte amour les ieunes pourſuyuans,
Qu'ilz ſoyent hays? & que ieuneſſe ſotte,
Fuye Prudence: & d'auec elle s'oſte?
Pluſtoſt voulant tronc ſans ſens deuenir:
Qu'aux gens ſauans ſe conioindre, & vnir.
Car ceux qui ont de ſauoir le threſor
O'nt l'eſperit ag u, clair comme l'or,
Mais ignorans, ieunes d'eage, & de ſens,
O'nt lourdz eſp'ritz de plomb, & mal decens.

E

LA FONTAINE DV MIROIR
PERILLEVX.
AMOVR DE SOY MESME,

NARCIS ayant sa beauté veuë en l'eau,
Fut amoureux de soy, tant se vit beau,
Et desprisant tous autres, nul n'ayma
Fors que soy mesme, & en soy s'enflamma,
D'ond peu à peu languissaht, destre ainsi
Sans iouyssance amant : deuint transi.
Tant qu'en perdant sentiment par stupeur,
Fondit du tout : & fut changé en fleur.

O IEVNES gens, de la vous retirez,
Et en telle eau iamais ne vous mirez.

CELLE Fontaine est L'AMOVR DE SOY MESME,
Où qui se mire : autre que soy il n'ayme.
De soy pourtant cognoissance n'ayant,
Tant qu'à la fin en deuient au neant.

SI LE HAVLT CIEL en terre deualloit:
Et si la Terre à la mer se mesloit:
Et le Soleil aux infernaux manoirs:
Et la clarté aux Barathres tous noirs:
Et si tous les Principes Elemens
Se combatoyent en diuers meslemens
Le froit au chauld, le sec auec l'humide:
Si au Chaos, (lequel descript Ouide)
Le Monde estoit confus, & retourné,
Comme il estoit; auant qu'il fust orné.
Quand incogneu estoit le Grand Seigneur
Le iuste Roy, du Monde Gouuerneur,
Quelle seroit si grand diuision?
    TELLE du Monde est la confusion,
Et le grand trouble, au temps que sans Police,
De nul cogneuë est la Royne Iustice.

L'ORIGINE, ET TERMINA-
TION HVMAINE.

COMME vn Rameau fueillu prouiét du cueur
Du tige ferme, ou il prend sa vigueur:
Puys peu à peu ses branches espandant
Vers le hault Ciel, Comme ses bras tendant.
Ses beaux fruyctz monstre: & s'eleue en espace
Vuyde de l'air: tant que son tronc surpasse.
A I N S I la femme estant comme partie
Du terrestre Homme, & de son corps sortie,
De beaux enfans met en auant le fruyct.
Monstrãt qu'elle a plus que son trõc produict,
Duquel la vie elle prend toutesfois.
Car il soustient d'elle, & des siens le faix.
O R tous les deux, sans nulles controuerses,
Sont composez de parties diuerses.
Et leur essence est d'esprit, & de corps
Conioinctz en vn par merueilleux accordz.

L'Esp'rit

L'Esp'rit montant tient la vigueur du feu,
Et le Ciel est son original lieu.

LE CORPS de terre est formé, & en signe,
Toufiours il prend vers terre sa racine:

L'ESP'RIT au Ciel fait leuer mains, & face:
Quoy que le corps à soy tenir le face.

E iij

NE SEROIT pas tenu fol, qui les yeux
Se creueroit pour veoir plus clair, & mieux
Et toutesfois cela feit Democrit.
Que tressage homme Hippocras a escript.
Aupres de luy, l'vn des sages celebres,
La chouete est, clair voyant en tenebres.
SIGNIFIANT que pour vn appareil
D'affaires grandz, LA NVYCT PORTE CONSEIL.

LES MESDISANS APRES LA MORT.

VOVLTOVRS suyuās chairs mortes, & puātes
Corbeaux crians, & Pies caquetantes,
Suyuent le train des armées rompues,
Cerchans pour past, charoignes corrompues.
Picquans du bec les hommes iadis forts
Et vertueux, mais toutesfois ia mors,
Auxquelz viuans ilz neussent osé nuyre:
Et en premier, ce que plus voient luyre.
(Qui sont les yeux) à les creüer ilz taschent.
Et tant du bec picquent: qu'ilz les arrachent.
  TELZ noirs oyseaux, de malheureux destins,
Les ennemys denotent clandestins.
Qui à la mort des gens vertueux bayent:
Affin que d'eux ia defunctz la robe ayent.
Et ceux lesquelz craignoient en leur viuant,
Apres la mort ilz les vont poursuyuant,

Par motz picquans de blasme, & calomnie,
De mesdisance, iniure, & villainie.
Et auant tout, leurs parolles premieres
Ostent d'honneur (s'ilz peuuent) les lumieres.

L'HIERRE rampant embrace en telle sorte:
Qu'il faict mourir l'arbre grand qui le porte.
  AINSI l'Amie affectée, & plus belle
Que l'hierre blanc; cil qui se ioinct à elle,
Par paillardise occit, en l'embraceant.
Les biens, la vie, & le sang luy succeant.

                    E v

.T oy, Qui esprit indocile pretendz
A enseigner: tu pers ta peine, & temps.
Ne plus ne moins qu'à picquer en campaign
L'Asne tardif, pour vn Genet d'Espaigne.
Lequel combien qu'il ayt les quatre piedz
Comme vn cheual, fors, non estorpiez,
Et semble bien qu'il se pourroit brauer
A grandz gallopz, & sa teste leuer.
Mais toutesfois si picquer on le cuyde
A l'esperon, ou tourner à la bride:
Ce meschant Asne alors baisse la teste:
Couche l'oreille, & rue: & fait la beste.
  L a i s s e donc' là ce tant lourd animal.
Car à iamais d'Asne lourd, bon cheual
On ne fera: qui que soit qui sus monte.
S c i e n c e, ou Art Nature ne surmonte.
  A i n s i iamais Esprit lourd, & seruil
Ne deuiendra liberal, & ciuil.

DE TRESGRAND TRESPEV, ou
DE GRANDE CHOSE PEV
DE RESTE.

RELIQVE du Temple, & lieu
Ou fut l'image de Dieu.
RVYNE de la maison
La ou habita Raison
Auec d'autres bien cinq sens.
En petit lieu tant de gens?
Et ore image cruelle,
Chef esuenté, sans ceruelle.

IL FAVLT SVYVRE NATVRE COMME
TRESBONNE GVYDE.

LES MONTS pierreux, pour leur grãd pesanteur,
Sëent en terre; & iamais leur hauteur
Terre ne perd par Nature faisant
Tousiours en bas resider le pesant.
Et toutesfois on dict que les Geants
Monts dessus monts par grand force engeans
Trouuerent voie à escheller les Cieux.
Pour deschasser de leur regne les Dieux.
Qui estonnez de ces Geans enormes,
Prindrent la fuycte en variables formes.

QVELLE autre chose à entẽdre nous baille,
Contre les Dieux des Geans la bataille?
Sinon que Dieu nyer, le disant n'estre.
Lequel Nature en ses faictz, faict cognoistre.

Et

Et s'obstiner contre l'esp'rit puissant.
Qui telz malins fuyant, & delaissant
En leur cuyder, plein d'obstination:
Leur faict diuerse imagination.

    IL FAVLT tousiours (quelq; chose qu'õ cuyde)
Suyure Nature, ainsi que bonne guyde.
Car de vouloir contredire à Nature:
(Comme de Marc Tulle dict l'escripture)
C'est batailler, en mode des Geans,
Contre les Dieux, par fouldre se vengeans.

GROSSE IGNORANCE.

ON LIT qu'il fut, & qu'il eſt des Geans
Soubz corps humain, piedz ſerpentins áyans:
Qui ſans pitié les plus foibles offenſent:
Et rien plus hault que leur teſte ne penſent.
Deſpriſent Dieu: ou diſent qu'il n'eſt point,
Et ſeullement tant que la chair les poingt:
Et que les ſens exterieurs les meuuent:
Ce qui eſt pres, & preſent: bon ilz treuuent.
Au demorant: du futur ne leur chault.
Rampent par terre: & ne tendent plus hault.

INVENTE ont Poëtes en leur œuures,
Ces Monſtres telz, auec piedz de coleuures.
Signifians ſoubz telle forme, ceux
Qui de pretendre en hault ſont pareſſeux.
Deſquelz touſiours l'oblique affection
Se traine en terre, & en infection.

LA FEMME OMBRE DE L'HOMME.

Av CLAIR Soleil noire Ombre le corps fuyt
Quand il la fuyt. Quand il fuyt elle fuyt.
   TELLE nature, es amoreuses flammes
Ont ces tant vains simulachres des femmes.
Car leurs amans fuyent:qui les poursuyuent,
Et ceux lesquelz les fuyent:elles suyuent.
Car bien souuent,en euidence claire,
L'homme faict l'vn,elle faict le contraire,
L'homme ne veult: & lors elle demande.
Et contraire est à cela qu'il commande.

AINSI Daphné Fuit Phebus la fuyuant.

Ainsi Echo suy & Narcis la fuyant.
Parqvoy l'on dict, & à bon droict on nõme
La femme ainsi estre l'ombre de l'homme.

PLVS LE FOL EN HAVLT ESTAT
MONTE:
TANT PLVS MANIFESTE SA
HONTE.

LE SINGE aſsis en geſte,& contenance,
D'homme raſsis à forme,en conuenance.
Mais plus s'eleue,& ſe monſtre en appert:
Plus Singe il eſt:& plus le cul luy pert.

TELZ ſont les gẽs brutaux, d'hõme maſq̃z,
Plus es hõneurs ſont haux,plus ſont mocquez.

CAR l'homme ſot,montant ou il ne doibt:
Plus hault eſt mis:& plus beſte on le veoit.

F

LES COQZ creſtez iamais guerre ne font
A ceux leſquelz de leur genre ne ſont.
Comme iamais aux Aigles hault volantes,
Ny aux Voultours à gryphes violentes.
Pour proye auoir, ou pour de leur eſpece
L'honneur defendre, & garder la nobleſſe,
Mais bien entre eux font terrible bataille:
Gal, contre Gal, qui aura la poulaille.
Comme ilz ſont chaux : & comme glorieux
Pour auoir pris d'eſtre victorieux,
Contre leur genre ilz ſont acoup hardiz;
Contre l'eſtrange ilz ſont acouardiz.
  O QVÉ le Peuple ayant le nom de GAL,
Fuſt à L'oyſeau par le ſeul nom egal.

DOMESTIQVE NOVRRITVRE
DOMMAGEABLE.

D'vn Arbre grand la ramée, & la branche
Dommage faict a l'arbriscel yssant
De son estoc: & de Nature franche
Oste le fruyct croistre ne le laissant.
SEMBLABLEMEMT maint ieune Adolescent,
Pour estre trop soubz l'ombre de son pere:
Croistre ne peut à Fortune prospere.
Qui autrepart pourroit faire bon fruyct.
Ainsi aduient aultrement qu'on n'espere:
TRONC SON REIECT, PERE SON FILZ DESTRVYCT.

F ij

DE PERE ET MERE VILLAINS, ENFANS GENTILZ.

CE BEL Enfant est beau, bien façonné,
Et bien entier. Toutesfois il est né
De Pere, & Mere à demy corps Brutaux.
   SIGNIFIANT que d'Idiotz rustaux,
Naiscent souuent nobles, & beaux enfans
De bon esp'rit, gentilz, & triumphans.

Ô QV'A⁺ bon droiɛ̃t,pour memoire eternelle,
La porte fut nommée Criminelle!
Qui crime tel ſouffrit dens ſoy paſſer:
Que quand Seruie alloit, pour embracer.
Le paternel meurtrier Tarquin le Priſque:
Deſſus vn chiar montée,cointe,& friſque,
Feit les cheuaux marcher, par vitupere,
Sur le corps mort du Roy Tulle ſon pere.

Or donc'à mort ſon pere elle hayſſoit?
Non faiſoit pas,mais Tarquin cheriſſoit.
L'vn des amours naturel,ſans pytié:
Et l'autre eſtoit de paillarde amytié.
Amour au pere auoit,mais froid,& peu.
Amour à Priſque auoit,ardent en feu.

Donc côme deux grandz Amours là menaſ-
Et d'vn coſté,& d'autre l'enclinaſſent: (ſent,
F iiɉ

Elle ayma mieux(comme le faict tesmoigne)
Le corps tout vif,que la morte charoigne.
Se souuenant l'vn estre son amy:
Mais oblyant,comme en songe endormy,
Que l'autre auoit son pere,& Roy esté.

PARQVOY vincu fut l'Amour de Pieté
Par autre Amour de Luxure,& charnel.
L'amour d'amy,passant le paternel.

A QVEL AMOVR de l'estrangier cercher,
Et le cerchant,le corps mort surmarcher
D'vn Pere,& Roy?auoir bien tel courage?
CE N'EST Amour:mais furieuse rage.

LES TROYS CAS DESTOVRNANS
BON IVGEMENT.

GRANDE Richeſſe, Ignorance des choſes,
Ieuneſſe folle auſsi: à veuës cloſes
Des ſéns deceuz, aueuglent les eſp'ritz
Tant que l'honneur honneſte eſt en deſpris:
Vertu auſsi. Mais belle Volupté
Seulle eſt, qui plaict au fol ſens delecté.
TESMOIN l'Arreſt que Paris profera.
Quand à Iunon, & Pallas prefera
Dame Venus. Comme eſtant filz de Roy,
Ruſtic, & Ieune. Ayant les trois en ſoy.

F iiij

NOBLESSE DES BASTARDZ DEMENTIE.

Vn Baſtardeau à ſa mere enqueſtoit,
Filz de quel Pere engendré il eſtoit?
La mere en ſoy ſe ſachant adultere,
Luy diſt ainſi: Le Soleil eſt ton pere.
(Le luy monſtrant) Et vray luy diſt ſans rire:
Tel que peut bien toute adultere dire.
   Car le Soleil, & l'hôme, engêdrêt l'hôme.
Ainſi Baſtardz, point baſtardz on ne nôme.
Mais on les diĉt filz de Seigneurs treshaux
Et de clair ſang, quoy qu'ilz ſoient de maraux,
Donc' ſoubz tel nom villainie amortie
Anobliz ſont de Nobleſſe mentie.

CHARITE EMPESCHANT VENGEANCE.

LE FIN veneur qui les faons emporte
De fiere Tigre, eschappe en telle sorte.
  Quand el'le suyct viste comme sagette:
Vn des Faons, pour l'amuser, il iecte.
Elle le prend, l'emporte, & puys retourne
Comme vn traict d'arc:& gueres ne seiourne.
Il iecte l'autre: elle en faict puys autant,
Dens la forest au giste le portant.
Luy tousiours va: Et ainsi il l'arreste
Tant qu'en sa nef il emporte la reste
  MEDEE ainsi son pere Oëtes fuyant,
Et son amy le Grec Iason suyuant,
De telle ruse enuers son pere vsa,
Qui la suyuoit:& ainsi l'amusa.
Son frere Absyrt par quartiers despeça.
Par les chemins ses membres disperça.

F v

A celle fin qu'elle fille mauuaife,
Se peut fauuer, & fuyr plus à l'ayfe.
Ce temps pendant que le bon Pere affix
Recueilleroit les membres de fon filz.
　　O r Deuinez que denote la fable?
C'e s t que Pieté, & Amour ineffable,
Ne feuffre point;mais retarde, & empefche
Punir celluy, ou celle là qui peche.

QVAND en tenant controuers parlement
Vn grand parleur se couppe:tellement
Que sa raison à soy mesme ambigue
Se contrarie:& son dict redargue.
Son aduersaire adoncques le surprent
Dessus ce poinct:& iusque au but le rend
De non parler,mis au bout de son rolle.
En luy faisant perdre sens,& parolle.
    N'EST CE pas bien par sa propre fallence
Changer vn homme en Pierre de Silence?
    DONC sans auoir langue desmesurée:
SOIT VERITE CONSTANTE & ASSEVREE.

LE BON Pasteur dort en repos bien seur,
Sans auoir paour du grand Loup rauisseur:
Quand à l'éntour des moutons, qui sont siens:
Il sent veiller ses bien fideles chiens.

AVSSI vn Prince en grande paix repose,
Et toute cure hors de soy il depose:
Quand Gouuerneurs sur ses subiectz à mis
A luy feaux, & à son peuple amys.

PVISSANCE DES PRINCES.

O QVE semblable,& de pres approchante
Est aux grandz Dieux,& leur gloire puissante,
La Maiesté des mondains Roys,& Princes,
En leurs Pays,Royaumes,& Prouinces!
Es mains desquelz,par pouoir absolut,
Des hommes gist la mort,ou le salut.
Car à vn mot,ou vn signe qu'ilz mandent:
Incontinent est faict ce qu'ilz commandent,
   VOYEZ icy vn Roy,mortel,humain,
Portant coronne en teste,& sceptre en main,
En throne assis,& deuant luy ses gens
D'armes garniz,tous prestz,& diligens
Luy obeyr.Deuant sa maiesté
Vn autre homme est prisonnier presenté,
En grande paour la sentence attendant
De vie ou mort:du Prince dependant,

Qui comme vn Dieu le ſauue, ou le conſomme.
O combien vault vn homme à vn autre homme.
O verité du prouerbe, en ce lieu,
Ou il eſt dict que l'homme à l'homme eſt Dieu.

LES LOVPS GAROVX.

GENS inhumains, Satallites iniques,
Seruans aux faictz des vouloirs tyranniques,
Entretenans l'excessiue despense
D'vn violent Seigneur:qui rien ne pense
Fors seullement qu'a ses subiectz manger,
Et iusque aux os leur substance ronger.
En sa maison brusslante de l'arsure
De Gourmandise, Auarice,& Luxure.
Faux seruiteurs,qui soubz nom de seruice
Pour eux nourrir,& du Seigneur le vice,
Trouuent tousiours quelque moyen vrgent,
(Soit force,ou Droict,)de luy fournir argent,
Par Fraude,Dol,Extorse,Pillerie,
Par Force aussi, Rapine,& Vollerie.
Non plus ayans des hommes le corps cher:
Que de brebis prestes à escorcher.
N'EST pas seruy tel seigneur par des Loups?
Sont ilz pas Loups pires que Loups Garoux?
O verité du prouerbe:en beaucoup
De faictz,disant que l'hôme à l'homme est Loup,

MAIS Qui croiroit que l humaine Nature
Se peuſt mùer en autre creature?
Et qui croiroit telz cas eſtre aduenuz:
Qu'hommes ſoubdain fuſſent Loups deuenuz :
　　CEVX LA deſquelz les maiſons ſont bruſlées
Les biens perduz, les ſubſtances vollées,
Pour leur delict, par le Fiſc deuorant.
Tant que du tout n'ont rien de demourant:
Sont ilz pas bien en Loups famis changez,
De cruaulté, & de faim enragez?
(Qui pert le ſien (dict on) il pert le ſens.
Car fugitifz, & pour leur honte abſens,
Contrainctz ilz ſont par grand neceſſité
De viure au bois, bien loing de la cité.
Volleurs, Brigandz deuenuz: qui par champs,
Comme brebis, meurtriſſent les marchans.
Amis de nul, & de tous ennemys.
Ainſi L'HOMME EST A L'HOMME LOVP FAMIS.

IMPOTENTE VENGENCE DE FEMME.

Soy mesme aux dens la Tigre d'hyrcanie
Se mange, & mord, par rage, & felonnie.
Toutes les fois qu'en autre chair crue, elle
Ne peut saouler sa Nature cruelle.
Tant fiere, & tant d'impatiente rage
Est celle beste en furieux courage?
 Ainsi Medée & Progne, enragée
De ialousie, & pour estre vengées,
Cueur de tuer leurs propres enfans eurent
Quand se venger des peres point ne peurent.
 Medee occit ses deux filz sans respit
Deuant les yeux du pere, par despit.
Progné tua, feit cuyre, & puis manger,
L'enfant au pere, affin de se venger.
O cruel sexe, à vengence impotent:
Autant qu'il est de vengence appetent.
O cruaute de femmes, escharnie
Plus que ne sont les Tigres d'Hyrcanie.

G

VENGENCE DE CRVAVTE, PAR LES SVCCESSEVRS.

HOMMES cruelz à ſang humain eſpandre,
On á cogneu ſouuent telle fin prendre:
D'eſtre mangez par les poux. De cela
Exemples ſont Herodes,& Scylla,
  Que mangez ont les poux,& vers minans
Par tous conduictz de leurs corps verminans.
  POVR demõſtrer q̃ ceulx qui ont leurs cueurs
Saoulé du ſang,& mort d'hommes pluſieurs:
Ayent leurs cueurs mangez,rongez,pourriz
Par ceux qui ſont du ſang,nez,& nourriz.

GRAND, ET VAIN LABEVR.

LE IE V de paulme entre tous aultres ieulx,
Le corps exerce,& l'esprit,& les yeux.
Car en iouant:le corps prent action.
Et l'esperit diuerse affection.
A vn beau coup de ioie l'on tressault.
Puys par courroux on iure,quand on fault.
On plaingt,on rit,la craincte,& l'esperance
Tiennent suspens le Ioueur en balance.
Qui va,&vient:faict virades,& tours,
Passe,& repasse,& faict mouuemens lourdz.
Et brief il prend grande sueur, & peine
A vn Esteuf chose petite,& vaine.
Pour,à la fin de s'estre tant lassé:
N'auoir rien faict,sinon le temps passé.
Monstrant exemple:Estre Follie, ou rage
FAIRE LABEVR, D'OND IL NE RESTE OVVRAGE.
  AINSI aucuns font contre la sentence
De Ciceron,au tracté de Prudence.
En employant en choses inutiles
Tresgrandz labeurs,& œuures difficiles.

G ij

AMBITION DESTRVYSANTE.

SEMELE obtint du grand Dieu Iupiter,
Qu'il s'en viendroit auec elle habiter:
En tel estat, & en maiesté telle,
Qu'auec Iunon sa compaigne immortelle,
Tel il y vint. Mais foible humanité
Porter ne peut si grand diuinité.
Le corps mortel, les tumultes de fouldre
Ne peut souffrir : mais fut reduict en pouldre.
Ainsi perit la poure ambitieuse,
(Par son souhaict) plus que malicieuse.

   CESTE figure admoneste en substance:
Qu'il sault fuyr des plus gros l'accointance.
Lesquelz en fin ceux destruysent à fond:
Qui pairs à eux, & compaignons se font.
Garde toy donc de faire tes consors
De ceux qui sont plus que toy, grandz, & fors.
Et si tu veulx à aucun te conioindre:
Soit ton pareil : que tu ne puisses craindre.

SVSPICION NE SOIT EN MARIAGE.

GRANDE Beauté que l'amour tant appete,
Rendit Procris belle Dame, suspecte
D'estre adultere à Cephal son mary
Estant ialoux, d'ond depuys fut marry.
CEPHAL aussi pour appeller souuent
Le doux souspir de l'Auré, c'est le vent,
Suspicion il donna à sa femme
D'estre auec l'Aure vn adultere infame.
Luy donc, par dons, de sa femme esprouua
La chasteté, & tant feit, qu'il trouua
Que chasteté par presens est à vendre.
Et en cerchant ce que trouué surprendre
Il n'eust vo lu: sa femme ainsi perdit.
Qui fugitiue es grandz bois se rendit.
Ou espiant son mary à la chasse
Pres d'vn buysson, couchée en terre basse
Occise fut du dard infortuné
Qu'a luy auoit elle mesme donné.

G iij

Car luy penſant, par le bruyt du Ramage,
Que d'elle, fuſt quelque beſte ſauuage:
Iecta le dard: qu'elle en ſon corps receut.
Ainſi tous deux Ialouſie deceut.
Et telle fin malheureuſe eut en eux
L'amour loyal, mais ſuſpicionneux.

Soit donc pour loy de Mariage eſtable,
De l'Empereur CAESAR, ce dict notable.

VN MARIAGE heureux, en bonne eſtime
Doibt eſtre exempt, non ſeullement de crime:
Mais bien auſſi de la ſuſpicion
De crime exempt, ſans nulle fiction.

IL FAVLT CEDER A LA
MVLTITVDE.

QVI EST celluy, tant soit vaillant, & fort:
Qui resister puisse, contre l'effort
De plusieurs gens armez, luy desarmé?
Se voyant donc par plusieurs enfermé:
Voyant sa force, & ses armes perdues
Se rend captif, aux fers les mains tendues.
Et lors dechet de la subiection
D'vn homme libre, en malediction
D'homme demy, de chef diminué:
De liberté par force denué.
DE Faire ainsi, n'est il pas bien meilleur:
Que mieux aimer mourir à grand douleur?
AINSI LE Sage aux folz leur dict concede
Quand il est seul: & d'eux le nombre excede.

G iiij

LABEVR DE LA VIE INTERMINABLE.

LES ANCIENS Poëtes fabuleux
Ont feint Sifyph, homme trefcauteleux,
Eftre damné, es bas Enfers foubz terre,
A tel tourment, De Roller vne pierre
Au faift d'vn Roc. Qui posée n'eft pas:
Qu'incontinent elle retombe à bas.
Puys eft contrainct de rechief la roller:
Pour puys la veoir de rechief deualler.
Ainfi fans ceffe allant, & reuenant,
Eft fans repos celle pierre tournant.
　CELVY Sifyph, eft tout homme mortel.
Et la pierre, eft Labeur perpetuel.
Dur, à durer iufqu'à mort ordonné.
　CAR trauailler eft l'homme condamné
Es lieux profondz, C'eft en terre: Car entre
Tout l'vniuers, qu'eft plus bas que le centre?
Et eft contrainct, de prendre iours, & nuyctz
Contin

Continuelz labeurs, & durs ennuyz.
Puys quand le soir à sa peine iournalle
Il pense auoir mis vne fin finalle:
Au l'endemain vient à recommencer
Nouuel labeur, & trauail sans cesser.

G v

ΙΚΟΣ ΦΙΛΟΣ ΙΚΟΣ ΑΡΙΣΤΟΣ

VN IOVR, voulut liberal Iupiter
Tous animaux au festin inuiter:
Ilz vindrent tous. Sur la fin du repas
Vint la Tortue, auec son petit pas.
D'ond Iupiter courroucé, en mesme heure
La blasma fort de sa longue demeure,
Enquise puys du seiour la raison:
TRESBONNE AMIE, ET SEVRE EST LA MAISON.
ET BON CHEZ SOY SE TENIR (Respondit)
Depuys ce iour, Iupiter feit edict:
Que la Tortue à pas tardif iroit
Froide, & sans sang, sa maison porteroit
Auecque soy. CESTE fable admonneste
Que profictable est autant, comme honneste:
En pas tardif les bancquetz frequenter.
C'est à sauoir, peu souuent les hanter,
Et moins les faire. Et qu'il n'est rien plus doux
Que sa maison, & son Chez soy à tous.

Ca

Car rien n'eſt plus malheureux aux mortelz:
Qu'eſtre vagantz par eſtranges hoſtelz.
   LA MAISON donc en Bourg, Ville, ou Çité,
Eſt ſeur refuge en toute aduerſité.

LE BON PRINCE, VEILLANT
A IVSTICE.

Osiris roy d'Egypte, Prince iuste,
Portoit vn œil deſſus vn ſceptre Auguſte.
　　Le sceptre, il eſt de Iuſtice la marque,
Que porte en main tout Roy Prīce, ou monarq̃.
　　Et l'œil ouuert, en leur Philoſophie
L'eſprit voyant, & veillant ſignifie.
Donnant exemple aux Roys, & Poteſtatz:
Que le deuoir faiſans de leurs eſtatz,
Par clair eſprit, veillant à la notice
Du droict egal, diſtribuent Iuſtice.

MIEVX VAVLT ESTRE ENVIE,
QVE POVRE.

SI L'ON ne peut par maniere oportune
Obtenir gloire, ou prospere Fortune,
Durant le cours de la presente vie:
Sans iappement, & morsure d'Enuie:
Il vault trop mieux encourir le dangier
De faulse Enuie, & la faire enrager:
Que de tomber au goulphe deuorant
De poureté, tousiours triste & mourant.
PARQVOY Homere entendant bien cela,
A feinct en mer estre vn monstre Scylla,
Vierge dessus: mais par dessoubz, ayant
Testes de Chiens. Lesquelz en abayant,
Feirent aux nefz d'Vlysses grand tourmente.
Tant qu'au profond de la mer vehemente,
Vne nauire en leur gueulle attirerent.
Et Nautonniers mal'heureux deschirerent
Ces chiens marins. Ce que fut toutesfois

Vn moindre mal: que tous à vne fois
Eſtre engloutiz au Goulphe tournoyant
De la Charybde obſcure,& tout noyant.
Comme Circé la fille du Soleil
A VLYSSES ainſi donna conſeil.

O VLYSSES (diſt elle) amy treſcher,
Garde toy bien de Charybde approcher
Par les deſtroictz. Car de telle infortune
Te deliurer ne pourroit pas Neptune.
Pluſtoſt au Roc de Scylla ta nef vire.
Qui attraira (ſans mentir) ta nauire:
Et de tes gens aucuns deuorera.
Encore aſſez il t'en demourera.
Car mieux il vault perdre ſix,pour la diſme:
Que perillez eſtre tous en Abyſme.

SCYLLA iapant comme en rage rauie
De Chiens marins:c'eſt deteſtable Enuie.
Mais la Charybde abyſmante en profond,
Eſt Poureté,qui deſtruict iuſqu'à fond.

POVRCE Qui veult la Charybde euiter:
Des chiens Scylla fault les aboys porter.
Enuie abaye:& Poureté deuore.
De ces deux maux ely le moindre encore.

CAR qui ſage eſt:certes il ayme mieux
Eſtre Enuié :que Poure, & malheureux.

LES DIVINES PAROLLES NE SE
CONTRARIENT.

EPIGRAMME DE PVLEX POETE.
ANTIQVE.

L'HERMAPHRODIT parle.

MA MERE estant de moy encore enceincte,
Demande feit en deuotion saincte
A trois des Dieux, quel fruyct elle feroit?
Phœbus luy dist, qu'enfant masle il seroit.
Mars, au rebours, que fille estoit à naistre.
Et puys Iunon ne l'vn ne l'autre n'estre
Ce que gisoit au ventre: respondit.
Quand ie fu né, i'estoie Hermaphrodit.

    PVYS de rechief se volut enquerir,
De quelle mort ie deuoie mourir?
Iunon respond, que ie serois tué.
Mars que pendu. Apollon que noyé.
Vray d'vn chescun le dict fut, à la preuue.

VN ARBRE estoit, qui ombrageoit vn fleuue
Dessus ie monte:& mon espée ceincte
Se deguayna. Ie tombay sur la poincte
Tout au trauers de mon corps embroché,
Pendant d'vn pié a la branche accroché,
La teste en bas plongée en la Riuiere.

  AINSI MOVRV par estrange maniere,
MASLE, FEMELLE, & ce que NEVTRE SEMBLE.
Tué, pendu, & Noyé tout ensemble.

L'ESPRIT QVI NE SE SENT COVLPA-
BLE, NE PEVT CRAINDRE.

L I E V solitaire, & Tenebres, & Nuyctz,
Hydeuses paours, crainctes, souciz, ennuyz,
Par songes creux d'espouentables sommes,
Troublent les sens des Maniacques hommes.
Tant qu'il leur semble aduis, par nuyct obscure
Veoir des esp'ritz de terrible figure.
Ce que se faict d'imagination
Melancolique, & forte impression.
A I N S I M A R C B R V T disoit vn Diable noir
Estre venu de nuyct, en son manoir.
Et auoir veu vn malin esperit
La nuyct deuant le iour, auquel perit.
Qui rien n'estoit: sinon vain pensement
Forgé par luy en son entendement.
L E C R O Y O N S N O V S? Ou si ceux là qui craignēt
Et qui ont paour diuers songes se faignent?

H

Deuant les yeulx defquelz, par griefz remors,
Mort apparoift: ou l'Image des mors.
  A I N S I Marc Brut de fon lict fe leuant:
L'Image ayant de fa mort au deuant:
Cuydant fuyr tenebres, & la nuict:
En nuyct eterne, & tenebres il fuyt.
Et fe iecta fur l'efpée mortelle.
Mourant de paour de mourir de mort telle.
Que pouoit il de l'ennemy vinqueur
Pis que le glaiue attendre à la rigueur?
  M A I S fon efp'rit coulpable fe fentant:
Et de Cæfar le fang fe prefentant,
Feirent fa main vengente efuertuer
Encontre luy: & foy mefme tuer.
  M A I S au contraire, vn bon hôme innocent,
Qui de malfaict coulpable ne fe fent:
Vit affeuré: & ne craint point les Diables
Ne les efpritz. Mais croit que ce font Fables.

CVRIOSITE DE FEMMES.

TROYS Vierges Sœurs regarderent la chose,
Que par vergoigne auoit Pallas enclose.
Leur commandant le vaisceau clos garder,
Leur defendant de dedans regarder.

Qv'EST IL Rẽ plus curieux que la Femme?
Qu'est il Rien moins secret en cas infame?

H ij

FVTILITE, PAILLARDISE, ET
AVARICE DES PVTAINS.

DE DANAVS les Filles,(qui cinquante
En nombre eſtoiēt)par hayne à mort picquāte
Tous leurs mariz tuarent vne nuyćt.
Comme ilz prenoient auec elles deduyt.
D'ond elles ſont es enfers condamnées
A telz tourmens,& peines ordonnées:
Que fleuues ſoient par elles eſpuyſez,
Dens des vaiſſeaux fenduz,& pertuiſez.
Leſquelz iamais remplir eſt impoſſible.
Car l'eau en coule,ainſi comme d'yn crible.

A INSI la Pute eſt vn perſé vaiſſeau,
Fendu,rompu,& mal tenant ſon eau
Qui par tout coule;& qui rien ſeur ne garde.
Soit que l'eſp'rit,ou le corps on regarde.
Quant à l'eſp'rit nul ſecret ne retient.
Et quant au corps de Venus ne s'abſtient.
Oultre cela ſon trou qui touſiours bailhe,

Son

Son auarice escriant tousiours. Baille.
Comme vaisceaux insatiables sont,
Que l'on ne peut remplir, n'y trouuer fond.

  FEMME Paillarde, & qu'on ne peut saouler!
Par espuyser tousiours, & puys couler:
(Comme la fable en ceste image enseigne.)
Son homme tue, & iusqu'à mort le saigne.
Tousiours espuyse: & ne semplit pourtant.
Elle est vaisceau, & le vaisceau portant.
Vaisceau qui à bouche tout espandant:
Rien de secret, rien chaste ne gardant,
Tousiours puysant sans auoir suffisance.

  POVRTANT icy est l'image en substance
De putaniere Auarice, & Luxure,
Insatiable, & de Bouche mal seure.

                              H iij

L'AME VIT OV ELLE AIME.

DEMOPHOON ayant par ses finesses
Ia mis au vent & voiles, & promesses:
Phyllis l'aimant estoit dessus la riue,
Suyuant la nef à veüe demy viue.
Tendant les bras, auec oeil larmoyant,
La ou estoit son esp'rit ia fuyant.
   CAR son esp'rit, & son ame animoit
Non plus en elle: ains au corps qu'elle aimoit.
Et tout ainsi que le corps suyct la vie:
La vie aussi auoit l'ame suyuie.
   MERVEILLE n'est dõcques, si celle Dame
Mourut d'amour: Car CORPS NE VIT SANS AME.

CVRIOSITÉ EST A FVYR.

LAISSE de Dieu les occultes secretz,
Et d'enquerir des haulx cieux les degrez
Ne vueilles point haulte science auoir,
Plus que ne doibt homme mortel sauoir.
　　　CAR PROMETHEVS t'aduertit de ce cas
Qui est lié dessus le mont Caucas.
Pour le hault Ciel auoir voulu cercher:
Et feu celeste en ferule cacher.
A qui le cueur ronge vne Aigle affamée:
Tousiours la playe apres le coup fermée.
Tant que la chair, qui se reforme entiere
Donne aux tourmens suffisante matiere.
CAR PROMETHEE en Grec, c'est Prouidéce
Rongeant le cueur par sens d'oultrecuydance,
Ft l'Aigle en Grec, à le nom, & figure
De ce que plus mange le cueur: c'est Cure.

　　　　　　　　　　　H iiij

SOVBZ TIMOL Iuge, vn debat fut prins, entre
PAN le Pasteur, & PHEBVS le bon chantre:
Lequel diroit meilleur chants, & plus beaux:
Phebus au Luc, & Pan aux Chalemeaux.
    Chascun des deux sonna son instrument.
Phebus bien doux, & Pan bien haultement.
Le Roy MIDAS estant à l'audience:
En Iuge fol donna brieue sentence.
Et prefera la Musete hault quinant
De Pan, au Luc de Phebus doux sonnant.
    POVR tel arrest, Phebus si luy feit naistre
Oreilles d'Asne: affin de le cognoistre.
Oreilles d'Asne, & dignes de la teste,
Qui iugement auoit donné si beste.
    AINSI, Aucuns sont tant Asnes, tãt lourdz,
De Iugement tourné tant à rebours:
Que plus leur plaict la crierie vaine:
Que de prudente Eloquence la vene.

                                        Et

Et la menſonge, ou fabuloſité,
Plus que ne faict la ſimple verité.

O r pleuſt à Dieu que tous Aſnes maſquez
D'oreilles d'Aſne ainſi fuſſent marquez!
Affin que par telz ſignes ſuruenuz,
Fuſſent de tous telz ſotz Midas cogneuz.
Leſquelz à droict, proprement, ſans ſcrupules
On peut nommer les renuerſez Apules.
Car par dehors figure d'hommes ont:
Mais par dedans Aſnes & beſtes ſont.

H v

PAR Rage ardent de luxure eſchaufée,
Tant fort aima la Royne Paſiphée
Vn beau Toreau:que pour contre Nature
Se ioindre à luy,par l'art,& la facture
De l'ouurier ingenieux Daidal,
Enclorre feit ſon corps,pis que brutal
Au ventre creux d'vne vache de bois.
Faicte au nayf, fors que ſans vie,& voix.
Et par dehors,couuerte de la peau
D'vne autre vache aimée du Toreau.
Auquel Toreau,pour ſon corps aſſembler,
Ne deſdaigna vouloir vache ſembler.
Oy,mais(dira quelqu'vn) c'eſt vne fable.
Vne fable eſt.mais toutesfois croyable.
    CAR CE TOREAV eſtoit vn Secretaire
Du Roy Minos,de la Royne Adultere.
Qu'elle receut,le cerchant pour delict,

Non

Non du Toreau estrangier, mais du lict.

    Car Quelle forme est il, ne quelle guise,
En quoy la femme aimant ne se deguise,
Pour acomplir sa luxure maligne?

    Exemple en est la Dame Messaline,
Qui pour saouler sa luxure impudicque,
Se deguisoit en Lyce la publicque.
Et se tenoit en putain atournée,
En plain bourdeau à tous abandonnée.
Ainsi estoit Princesse & Emperiere:
Et quant & quant paillarde bordeliere.

On dict ainsi qu'en la terre Arabicque,
Le seul Phenix, de tous oyseaulx vnique,
Vit de mille ans vn siecle innumerable.
De soy naissant, & de soy reparable.
Qui meurt naissant:& qui naist en mourant.
Car quand de sang n'a plus de demourant:
L'ors il se brusle aux Rayons du Soleil:
Et de son feu reuient à soy pareil.

     LE CROYONS NOVS? ou si tenons menteurs
De Naturelle Histoire les Auteurs?
Qui tant ont prins de licences legieres
En descriuant les choses estrangieres?
Nous le croyons :& ne disons que non.

     CAR (pour le vray) soub l'histoire, & le nom
De cest Oyseau singulier du leuant:
Est entendu Dieu seul tousiours viuant.
Dieu seul, de soy prenant commencement.
Et resolu en soy incessamment.
Qui est sans fin en essence premiere.
Tousiours naissant du feu de sa lumiere.

VN CHEF pour tous, fon corps offrir voulut.
Et gift en vn de plufieurs le falut.
  BIEN le monftra l'vn des freres Horaces
Qui feul defeit trois freres Curiaces.
Ses freres mors voyant, s'efuertua
Tant que luy feul, les trois Gemeaux fua.
Duquel aufi la victoire, & l'honneur,
Pour tout le peuple hazardé à bon heur:
Affubieſtit les Albans, aux Romains.
  Puys fa Sœur propre il tua de fes mains.
Pource que trop regrettoit fon amy
Qui mort eftoit, du pays ennemy.
  MONSTRANT côbien d'Amour eft different.
De fon Pays, & fon propre Parent.

DEVX beaux Enfans, en pur corps, &tous nuz,
Cüeillir le fruict des Palmes sont venuz.
Desquelz l'vn monte:& aux branches se leue.
L'autre est à bas:à qui de monter greue.
Celluy qui gist au pié:par desespoir
De paruenir dessus l'arbre pouoir:
Ayde à celluy qui monte:en l'eleuant
Dessus son corps, de marchepié seruant,
Mais celluy là qui sur l'arbre grauit:
Fruyctz sauoureuz de la Palme il rauit,
Non pour luy seul:mais aucuns en espand,
Et son second en faict participant.
  CESTE Palme est des lettres la victoire.
Et de Doctrine excellente, la gloire,
Fruyct de l'estude, où les enfans pretendent,
Qui sont bien nez:& de bon sang descendent.
Desquelz les vns vincuz, à leurs vinqueurs
Vöt soubzmettät&leurs corps, & leurs cueurs.
                              Auxquelz

Auxquelz aussi font part de l'abondance
Des fruictz cueilliz de L'arbre de Prudence.
En les aydant de conseil necessaire;
Quãd pour leurs corps, ou biens en ont affaire,
Car tous Enfans qui aux estudes vont:
Profit egal es lettres pas ne font
Ne tous à fruyct viennent en eage meure.
Mais la plus part. Par le chemin demeure·
Toutesfois ceux qui se parforceront
D'y paruenir plus haux en fin seront.
Que ceux, lesquelz n'ayans si bons espritz
S'arresteront es choses de bas pris.

Voyez icy par merueilleuses fins
Ces Nautonniers transmuez en Daulphins
En vne nef prinse,& enueloppée
De l'hyerre, & vigne à l'entour attrappée.
Laquelle iceux voyans estre en hazard
De periller:la gouuernent par art.
En l'aduançeant à force de ramer;
Puys tout soubdain se geetent en la mer.
Et à la fin tous Daulphins ilz deuiennent.
Qui la nauire en tourmente preuiennent.
   En pouppe afsis est vn Dieu coronné
D vn chappellet de pampes bien orné.
Qui en poissons faict muer ces humains.
Et l'vn d'iceux l'adore à ioinctes mains.
   Sur le Tilhac,& au long des riuages

Fuyantes

Fuyantes vont noires beftes fauuages.

MORALLEMENT cefte Image on applicq
A figurer la bonne Republicque,
Souuent en grandz affaires attachée:
D'ond ne peut eftre aifement depefchée.

PREMIEREMENT l'Eglife prie Dieu
Hault refident en fon celefte lieu.
Puys les Seigneurs par police ciuile,
Sont gouuernans tout le corps de la ville.
Lefquelz conuient aux hommes eftre amys
Comme Daulphins, Poiffons ou Dieu amis
Amour de l'homme:& tant le Peuple aimer:
Que les Daulphins aiment hommes en mer.
C'eft à fauoir que le Magiftrat aime
Son peuple, autant que fa lignée mefme.
Et ne doubter quelque fois fe plonger.
Corps, Vie, & Biens, en eminent danger
Pour deliurer, par telle fortitude,
Sa Republicque hors de la Seruitude.
Car pour l'amour des hommes fe ruer
A fond: c'eft bien en Daulphin fe muer.
Le Peuple apres chafcun en fon eftat
Fait fon labeur:ce que le Poteftat
A'ordonné : met en œuures, & faictz.
Et ayde donne à conduire, le faix.
Et les mauuais inhumains font punis:
Ou dechaffez de la ville, & banniz.

QVAND dõc de Sainctz, & vrais Adorateurs
Du treshault Dieu, & d'Adminiftrateurs

I

Qui aimeront les hommes citoiens
Marchans loyaux, trauaillans Plebeiens,
Sera la ville, ou Cité bien garnie:
L'òrs s'en ira cruelle Tyrannie.

NEZ SOMMES NOVS: ET NON
POVR NOVS.

LE poſſeſſeur d'vn chāp: & d'vn iardin le Sire
Emporte dens vn plat, & le miel, & la cire
Des Ruſches, & paniers. Et ce priué robeur
Rauit en peu de temps le fruyct, d'vn grand labeur.
Le miel eſt faict pour l'homme, & la cire odorante
Pour rendre à Dieu honneur, en clarté adorante.
Mais l'homme tout rauit des Ruſches, & corbeilles.
  Ainſi vous, non pour vous, faictes le miel Aueilles.
NON pour ſoy, mais pour tous: & pour ſon Sei-
  gneur meſme
Le Poure L'aboureur les champs laboure, & ſeme.
Maiſſonne les Fromens, & mange Orges & Seigles.
  Ainſi vous, non pour vous, faictes les miel Aueilles.

Nō pour foy,mais pour to⁹,mefmemēt pour ſō maiſtre
Le Iardinier,bons fruictz ſur les arbres faict croiſtre.
D'ont ne luy reſte rien,que les branches,& fueilles.

 Ainſi vous,non pour vous faictes le miel Aueilles
Non pour foy,mais pour tous,le gentil Paſtoureau
Paiſt Brebis,& Mouton,Chieure,Vache,ou Toreau
D'ond il n'á que le laict des Vaches,des öeilles.

 Ainſi vous,non pour vous faictes le miel Aueilles.
Non pour foy,mais pour Roy,le ſouldard faict effroy.
Et s'il meurt c'eſt pour foy:s'il vinct c'eſt pour le Roy.
Et n'en peut rien monſtrer,que cicatrices vieilles.

 Ainſi vous,non pour vous, faictes le miel Aueilles.
Non pour foy,mais pour tous l'Aduocat á la voix
Et á eſtudié Ordonnances & Loix.
Non pour foy,mais pour toy:qui vers luy te conſeilles.

 Ainſi vous,non pour vous faictes le miel Aueilles.
Non pour eux,mais pour ceux,qui ſe ſentent malades.
Ordonnent Medecins des Recipez bien fades.
Eux ilz ne prennent rien,que ius de vigne,ou treilles.

 Ainſi vous,non pour vous,faictes le miel Aueilles.
Non pour eux,mais pour tous:les Poëtes font vers.
Compoſans & chantans des arguments diuers.
Deſquelz n'ont autre fruyct,que le vent aux oreilles.

 Ainſi vous,non pour vous,faictes le miel Aueilles.
Non pour eux,mais pour tous,les gens ſauās eſcriuēt.
Tant pour ceux qui viendrōt:que les preſens,q viuent.
Et n'ont que le trauail d'eſcrire grandz merueilles.

 Ainſi vous,nō pour vous ,faictes le miel Aueilles.
Non pour luy,mais pour tous ceux qui en ont meſtier,
Trauaille l'Artiſan,cheſcun en ſon meſtier, Et

Et non que pour seruir autruy festes,& veilles.

Ainsi vous,non pour vous faictes le miel Aueilles.
Somme le fruyct ne vient,la grace,ne l'honneur
Moins qu'à ceux qui en ont pris la peine,& labeur.
Mais de faire plaisir à l'homme,tant l'homme aime:
Qu'en ce monde mortel nul ne vit pour soy mesme.

I iij

LE LIEVRE est beste ayant double Nature
Multiplier aimant sa geniture.
En mesme temps porte, allaicte, & conçoit,
Met sur le faix: & le masle reçoit.
Ne souffrant point son ventre sans semence.
Qu'en le vuydant, l'emplir ne recommence.
EXEMPLE à tous, que qui veult bien despēdre:
Il doibt aussi à bien gaigner entendre.
Tant que iamais ne s'espuise la source.
Mais qu'en vuydant il emplisse la bourse.
Et que tousiours en pouruoyant, pourpense
Par plus grand guain recouurer la despense.

IEVNESSE PERDVE.

L E Saulx perdant semence,& fruyct es eaux,
Qui est nourry entre ployans roseaux:
 E s t v n Enfant,que nourrit le fol Pere,
En affluence, & richesse prospere.
A celle fin qu'en mignardises folles
Coule son temps,& en delices molles.
Entre Flateurs,qui luy semblent souuent
Bien estre amys. mais tournans à tout vent.
 A i n s i en fleur de l'eage,qui commence,
Ayant perdu la fleur,& la semence,
Par se baigner es biens,qui l'ont destruict,
Et refroidy:Iamais ne faict bon fruyct.

I   iiij

COMME Venus cueilloit la blanche Rofe,
Qui au buyſſon eſpineux eſtoit cloſe:
Sa tendre chair fut d'vne eſpine attainéte.
D'on ſang ſaillit:& la Roſe en fut tainéte.
Qui par auant blanche, en ſa couleur propre,
Du ſang Venus print la rougeur de Pourpre.
SEMBLABLEMENT, Quãd en la fleur de l'eage
Venus rauit la fleur du pucellage:
En vn pur corps, par virginité blanc:
Playe ſe faiét:& en degoute ſang.
D'ond le Bouton iuſqu'à l'ors gardé net,
Clos, vierge, & blanc, dedans ſon iardinet:
Rouge deuient:& deſcouure ſa fueille,
Tainéte en coleur de la chair qui la cueille.
AINSI Roſiers ſont vermeilz deuenuz:
(Qui blancz eſtoient) par le ſang de Venus.

DANSE MAL SEANTE
A L'HOMME.

LE MENESTRIER vne Gaillarde ſonne
En vn Palaix, ou eſt mainte perſonne.
Riant, voyant au mylieu de la Sale
Vn Singe laid, qui au ſon danſe, & balle.
Eſtant veſtu, & orné, ainſi comme
Vn hôme vray. tãt qu'il ſemble eſtre vn hôme.
Et tant ſe plaiçt en danſant, & ballant:
Qu'il penſe bien eſtre homme, ou mieux valât.
Mais totesfois n'eſt que Singe appellé.
Qui tous fait rire, auec ſon cul pelé,
CESTE Image eſt d'vn Danſeur, fre dõneur,
Mal conuenant à tout homme d'honneur.
Qui piedz, & cul branle au ſon d'vne corde,
Ou d'vn tuyau. & ſes marches recorde
Faire venir aut poinçt de la cadence.
Contre faiſant ſes pas ſelon la danſe.
Car le marcher de la Danſe, eſt vn pas
Que mouuement Naturel n'apprent pas.

I v

D'ond ce pendant qu'il prend peine inutile,
Affin de plaire à quelqne folle fille:
Aux assistans il donne bien à rire,
Et à mocquer:plus qu'on ne sauroit dire.
Et tellement,que s'il venoit vn sage,
Qui n'eust onc veu de danse,& Bal l'vsage:
En le voyant ainsi tróter menu:
Il penseroit:qu'il fust fol deuenu.

GOVRMANDISE, OV EMPOISON-
NÉMENT.

COMME vn Poiſſon,quand à l'haim il s'amord
Couuert d'apaſt:il aualle ſa mort.
Ainſi la Gueulle aux morſeaux adonnée
Mort tropt haſtiue à pluſieurs a donnée.

ET Comme auſſi on veoit le Poiſſon traire
De ſa propre eau,en Terre à luy contraire:
Par le Peſcheur,qui le tire par force
D'apaſt mortel,caché deſſoubz l'amorſe:

AINSI Pluſieurs fins volleurs d'heritages,
De Teſtamens Captateurs,& partages:
Souuentesfois,ſoubz ſeruice benin
Baillent morſeaulx abreuez de venin.
Et L'air ſpirant la vie,en terre ilz tirent:
Ceulx la,deſquelz les biens puys ilz retirent.

ADMIRATION PAR L'EXCELLENCE DES LETTRES, ET DES ARMES.

PALLAS Déeſſe áyant la præſidence
Deſſus les faiĉtz d'Armes, & de prudence
En ſon eſcu cryſtallin, (d'ond elle vſe)
Porte le chef ſerpentin de Meduſe.
Et conuertit en pierre, par tel monſtre
Tous regardans : auxquelz elle le monſtre.
 OR A SAVOIR, en ceſte pourtraiĉture
De la Déeſſe, & en telle armature
Quel ſens y á, & quelle intélligence?
 DEVX choſes ſont ſur toutes d'excellence
C'eſt à ſcauoir les LETRES, & LES ARMES,
Par qui d'honneur ſont acquiſes les palmes.
Et deſſus tout : Par les faiĉtz de ces deux
Doĉtes Eſcriptz, & fors Geſtes des Preux,
Les hommes ſont tellement eſtonnez :
Qu'on les diroit eſtre en pierre tournez.

QVI NE SE COGNOIST: EST
BESTE NON HOMME.

CE MOT du Ciel defcendu, Deificque,
COGNOY Toy mefme, eft aut têple Delphicq̃.
Auquel, ainfi que du Ciel il procede:
Du Dieu Phebus tout autre Oracle excede.
  CAR Qu'ft il dict en parolle, ou fentence
A plus briefz motz: & plus grande fubftance?
  RETOVRNE donc (O Fille Sunamite,)
Et te cognoy, & en toy te limite.
Sans te cognoiftre, en befte tu viuras:
Et le tropeau comme vache fuyuras.

LES VIEVX SOIENT SVPPORTEZ
PAR LES IEVNES.

LE BON cheual, qui a paſsé les picques,
Qui a vincu les Tournois Olympicques.
Quand il eſt vieil, & foible deuenu:
Ce non obſtant il eſt entretenu
Par ſon Seigneur, qui pour paſse ſeruice
Luy faict de vie, & ſeiour benefice.
Tant qu'il repoſe apres ſes longz trauaux:
Porté en char par les ieunes cheuaulx.
Lequel honneur, digne de tel cheual,
Feit Alexandre à ſon bon Bucephal.
   DE combien plus Raiſon iuſte admonneſte,
Que bõs vieillardz (qui ont leur eage honeſte
Menée à fin, & mains labeurs portez)
Soient en repos des ieunes confortez.

VICES SVRVENANS CHASSANT
LES VERTVS NAYVES.

Eɴ ɴoz Eſpritz, Vertus blanches, & nues,
Sont de Celeſte origine venues.
Mais puys apres, qu'and de la terre ſortent,
Vices couuers, & noirs, qui armes portent;
L'ors les vertus s'en reuolent au lieu
D'ond elles ſont deſcendues, c'eſt Dieu.
Car vn contraire, à ſon contraire nuiſt.
L'vn chaſſant l'autre, ainſi que iour la nuiſt.
Cᴇʟᴀ ſe faiſt qu'and Rage d'Auarice,
(Qui de tous maux eſt racine, & nourrice)
Faiſt que ſans plus L'homme en terre regarde,
Et d'eleuer ſa teſte au Ciel le garde.

L'AVARICIEVX EST POVRE.

TANTAL damné eſt en chatre infernelle,
A endurer faim,& ſoit eternelle.
Plongé en l'eau iuſque à la prime leure,
Dextreme ſoif à continue ſieure,
Mais quand le chef enclin pour boire il baiſſe:
Le'au ſe deſond:& puyſer ne ſe laiſſe.
   IL eſt auſsi grande faim endurant.
Et ſur ſon nez pend le fruyct odorant.
Qui par l'odeur l'aguiſe en appetit.
Mais quand il cuyde en prendre vn bien petit:
L'Arbre ſe haulce:& ſes branches retire.
Ainſi Tantal ſe tourmente en martyre.
Et malheureux,entre deux mis en vain,
Des eaux,& fruictz,meurt de ſoif,& de faim.
                                    Ce compte

CE COMPTE icy de Tantal malheureux,
Est faict de toy (Homme Auaricieux)
Soubz nom changé. Qui entre tes richesses
As faim, & soif, & ne t'en fais largesses.
Et si ne sais quel vsage à l'argent.
Mais en grandz bien vis poure, & indigent.

k

EN BEAV regard, en face de lyesse,
Sur cest autel est Venus la Deesse.
Auec son filz Cupidon, l'Enfant beau.
Portant son Arc, ses Traictz, & son flambeau.
A ses piedz sont deux colombz non volans,
Mais bec à bec s'entrebaiser voulans.
Et derriere elle, est vn gemissant Cygne.
Qui de sa mort prochaine faict le signe.
   DE LVXVRE est ceste Image euidente.
Qui brusle au feu d'affection ardente.
Et poingt le cueur. Puys du corps approchant,
Cerche à baiser, main, & bouche touchant.
Et quand en ieu les baisers sont venuz:
Apres se faict l'office de Venus.
Puys en dernier s'ensuyct vn repentir
En gemissant, par Mort plus pres sentir.

Images

IMAGES Donc sur ces autelz sacrez,
Monstrent d'Amours les mysteres secretz.
L'affection, Poincture, & Accointance.
Baiser, Toucher, le Faict, la Repentance.

VENGENCE DE TYRANNIE AFFE-CTEE, ou DIEV RESISTE AVX ORGVEILLEVX.

VOYEZ icy SALMON Roy orgueilleux,
Tué par fouldre, à vn coup merueilleux.
Digne de telle amende comparer:
Pour s'estre à Dieu vólu equiparer!

O l'arrogant! Qui sur vn pont de cuyure,
Auec cheuaux bruyans, pensoit ensuyure
De Iupiter la fouldre inimitable.
Donc quand mourant, la fouldre veritable
(Que contrefaire auoit volu) sentit:
Ces motz il dist, ou tard se repentit.
¶ GARDEZ vous biē(ô vous Hōmes mortelz)
Cuyder sembler:& vous estimer telz,
Que le grand Dieu Iupiter, en tonnant:
Et grandes paours à voz subiectz donnant.
GARDEZ vous bien suyure des plus puissans
Les faictz doubtez, & les dictz menassans.
Car Iugement de Dieu, l'homme mene à ce:
Qu'il souffre en soy ce qu'à autruy menace.

RETOVR DE BESTISE, A RAISON, ou RECOGNOISSANCE DE SOY.

L'HOMME, Comme il fut conſtituê en honneur:
il ne l'entendit pas:& fut comparé au Beſtes.

NATVRE Humaine en honneur eſtablie,
Et deſſus tous animaux anoblie,
Ne recogneut ſon bien, ne l'entendit.
Mais vers la terre encline ſe rendit.
D'ond elle fut à vn Bœuf comparée.

    Mais puys apres qu'elle ſe fut mirée
En ſa fontaine: elle vit, & cogneut
Son chef cornu: & grand honte elle en eut.
D'ond plus en terre abaiſſer luy greua.
Et ſe dreſſant la face au ciel leua.
Ou elle vit: & cogneut en lumiere
Dieu, & Raiſon. L'ors ſa forme premiere
De Dieu l'Image à elle fut rendue.
Par Beſtiale ignorance perdue.

                    k   iiĵ

VN IOVR certain, des Ruysseaux cinq ou six
S'estoient trouuez, soubz vn roc hault assis.
Qui tous estoient deliberez d'aller
Au pays bas: & en mer deualler.
Le conseil prins: fut dict que bon leur semble;
D'aller en mer accompaignez ensemble.
Pour visiter Ocean leur grand Pere
En belle bande allans vers son repaire.
Pour estantz ioinctz, auoir plus de valeur.
Et n'estre point tariz par la chaleur.
Ainsi meslans en vn Canal leurs eaux
Vn Fleuue grand feirent tous ces Ruysseaux,
Qui nauigable estoit: & qui suffire
Pouoit assez à porter la Nauire.
Mais vn tout seul les autres desdaigna,
Tant qu'auec eux point ne s'accompaigna.
Ains resta seul en son Lac demourant

A chef

A chef enclin sur ses genoux plourant:
D'ond ne voulant ses membres oultre estēdre:
Il ne peut pas â l'Ocean descendre.
Et qui plus est de larmes tant saillit
De ses deux yeulx:que son humeur faillit.
Et demoura en sable,tout à sec.
Luy,& sa source,& sa Fontaine auec.
   CEST EXEMPLE est pour les petitz marchãs.
Qui vont par mer les richesses cerchans:
Que refuser ne doibuent compaignie:
Pour bourse auoir plus pleine,& mieux garnie.
Et ne vouloir de nul se soucier.
Mais voluntiers d'autres s'associer.
Pour n'estre mis si tost à Banque Route.
Ains exercer commerce en sorte toute.
Car quand chescun par soy peut peu,ou rien:
Plusieurs ensemble accompaignez font bien.

                                    k iiij

SOVVERAINE IMPIETE,
SANS DIEV SANS PERE.

En cest'Image, est vn sage Astrologue
Et vn Enfant Bastard, qui l'interrogue
A sauoir mon, de quel Pere il est filz?
Et l'Astrologue en hault les yeux affix
(En luy monstrant d'vne part le Soleil:
Et d'autrepart en terre vn homme vieil;
Celluy(dict il)de ton ame est Auteur,
Et cestuy cy de ton corps geniteur.
L'ors le Bastard respond,par grand courroux
Rien n'est A NO vs,ce qui est dessus nous.
Et ay (desdain:le Beau Ieune,& Gaillard,)
Estre engendré d'vn si meschant vieillard.
O IMPIETE!ô indigne de naistre,
Qui ne veult Dieu,ne son Pere cognoistre.

SANS CERES & BACCHVS VENVS
EST FROIDE.

SVR cest autel est Venus bien posée
Entre aultres deux, ainsi qu'vne espousée,
Auec Amour elle estant au mylieu.
D'vn des costez est Bacchus, des vins Dieu,
D'autre Ceres, la Déesse des bledz.
Et sont ces quatre en vn temple assemblez,
Bacchus ses mains, son chef de raisins orne,
Et Ceres tient d'Amalthée la corne.
Qui de tous biens affluente est tenue,
SIGNE que là Venus est bien venue:
Ou vin y à: & viure en abondance
Pource qu'apres la Panse vient la Danse,
Et que le ventre escume en Paillardise,
A l'ors qu'il boult de vin & friandise.
Car sans menger, & boire, l'amour fasche,
Sans pain, & vin: Venus est froide & lasche.

k v

LA VIE DE L'HOMME SVR TERRE (COMME DICT IOB) C'EST VNE GVERRE.

DEVX CHEVALIERS armez courent la lāce
En vn plain champ pour preuue de vaillance.
Deuant la face, & Maiesté du Roy.
Et du combat est escripte la Loy
Sur vn Perron, par semblable teneur.
GLOIRE au vinqueur:au vincu deshonneur.
Le Roy qui à le combat proposé:
Les veoit, & iuge, en son hault lieu posé.
  OR ENTENDEZ que cela signifie.
GVERRE(dict Iob)est ceste humaine vie.
Dieu est le Roy de lassus regardant.
Peine au vincu, Pris au vinqueur gardant.
De ce combat, la Loy escripte, est mise
En l'Euangile, & Tables de Moyse.
Et le plain champ, est ce Mondain pourpris
Ou courent tous: MAIS VN SEVL A LE PRIS.

DE CHARLES D'AVSTRICHE
EMPEREVR V.

CHARLES cæsar Empereur Roy d'Hespaigne
A Seigneurie à Iupiter compaigne.
Tant que tous deux semblent, par bon aduis
Ensemble auoir tout le Monde diuis.
Iupiter est regnant au ciel Empyre.
Charles Cæsar de terre tient l'Empire.
L'vn faict de Dieux, l'autre d'hõmes la guerre,
L'vn tient le Ciel:& l'autre tient la Terre.
Merueille n'est s'il á gloire euidente:
Car Mars le fort:& Pallas la prudente,
Donnent support,& ayde à telles mains.
Pour maintenir l'Empire des Rommains.
Bien peu dehors force d'armes est bonne:
Si par dedans le bon conseil n'ordonne.
Charles le Quint magnanime,& prudent
En tous les deux est tout autre excedent.
Affin que soit soubstenu, par ces ars
De Sapience,& Force, des Cæsars.

L'honneur, L'empire, es terres subsolaires:
Comme sur deux Colomnes Herculanes.
Et n'est encor' la fin. Car soubz conduycte
De la vertu Fortune prendra fuycte.
Et poursuyura PLVS OVLTRE sa quarriere,
S'il n'est contrainct retourner plus arriere
Par le croissant qui croist, tant QVE DV MONDE,
IL AYT EMPLY OV DV TOVT LA SPHAIRE RONDE.

ACCESSOIRE D'aucunes choses
memorables auenues à Lyon.

L'aduenture ruineuse de la maison du Porcellet à Lyon,
trebuschée sur trois Ieunes gentilz hommes.Monsieur
de Cercy,Corberon,& de Senecey.& plusieur
autres leans logez.

Mal tousiours prest. A I N I G M E.

Dedans le corps d'vn Lyon merueilleux
Trois Adonis(vn porceau perilleux)
Tua sans dent,& sans les auoir mords
Qui enterrez furent plustost que morts.

SVR LES MESME CAS TRANSLATION
DE VERS LATINS.

Vne nuict,en vn lict couchez ensemble estoiēt
Trois ieunes gētilz hōmes de noblesse premiere
Les deux,qui dormiroit au milieu,debatoient.
Sur vn liure le tiers veilloit auec lumiere
Bruyēt se faict.la maison tōbe en rude maniere
Et mesme sort, nuyēt , mort ces trois hommes
encombre.
Mil cinq cēs quarāte ans tourné auoit en nōbre
Le tēps,quand à Lyon telle ruine aduint.
Leurs noms furent Cercy,Corberon, Senecey.
Cōme vn mesme malheur,mesme tūbeau cōuīt
S'ilz ont mesme maison ā ciel ? de ce ne scay.
Ainsi soit.

HISTOIRE DE MERVEILLÉVSE
aduenture Auenuë á Lyon lé troiſieſme
iour de Febu rier. 1552.

L'an mil cinq cens Cinquante deux en nombre
Dedans vn puy, ſoubz la terrienne ombre
Vn puyſaillier de ſoixante ans, bonhomme
De ſon eſtat, (Francois Peloux ſe nomme)
En ſes vieux iours pour deux fois eſtre né
Eſt de ſa mere au ventre retourné,
Ou auant mort tout vifs'eſt enterré
Sa foſſe ha faicte, & ſoy dedans ſerré
Ou par ſept iours, & ſept nuictz demourant
Sans paſt n'ha point eſté de faim mourant.
Mais ha veſcu autant que nous liſons
De Daniel en la foſſe aux Lyons.
Sa vie hayant d'vne eau entretenue
Qui retournoit d ond elle eſtoit venue.
Car par defaut d auoir autre liqueur
De ſon vrine il confortoit ſon cueur.
Puis ſain & ſauf, eſt ſorty de ce lieu.
S'eſtant voué au grand ſainct, qui eſt Dieu,
Qui la gardé ſoubz terre de mourir,
Et qui l ha peu ſans viande nourrir:
Monſtrant qu'il peut de rien viuifier
Ceux qui en luy ſe ſauent bien fier.
    Ce cas aduint à ce poure chreſtian
Dedans Lyon, au mont ſainct Sebaſtian

En la maiſon de Loys D'heirieux,
Qui par eſpoir fidele & curieux
De faire au vif enterré allegence,
Feit vuyder terre à grande diligence,
Tant que ſept iours & ſept nuictz puys apres
Fût trouué vif de mort plus loing que pres
Sain & ioyeux, habile, & preſt à boire.
De ſon ſalut rendant à Dieu la gloire.
Surce requis comme il eſtoit venu
De ceſt enfer, ou tout eſt retenu.
Pource (diſt il) Car tant que ie la fus
Rien ne me vit manger Aſcalaphus.
　　Au meſme temps & au meſme logis
Ou demouroit le deſſus dict Loys
Naſquit en vie vne monſtreuſe beſte
Ayant huict piedz, deux corps, & vne teſte
D'ond l'vn des corps eſtoit maſle en Nature
Et l'autre eſtoit femelle creature.
Qui s'embraſſant en vn chef s'aſſembloyent,
Tant que baiſer par amour ſe ſembloyent,
Et tout cela praſagit, & recorde
Garde de vie abundance, & concorde.
Ainſi croit on que tel cas ſignifie.
Tout ſigne eſt bon à qui en Dieu ſe fie.
Cil qui ha veu les faictz le perſonnage
En ha eſcript ces vers pour teſmoinage.
　　　　　　　B. ANEAV.

IMPRIMÉ
Par MACE BONHOMME
A LYON.

www.ingramcontent.com/pod-product-compliance
Lightning Source LLC
Chambersburg PA
CBHW052358090426
42739CB00011B/2423